图书在版编目（CIP）数据

智慧书／（西）巴尔塔沙·葛拉西安著；王涌芬译．—北京：中央编译出版社，2024.3（2025.7重印）

ISBN 978-7-5117-4395-4

Ⅰ.①智… Ⅱ.①巴… ②王… Ⅲ.①格言-汇编-世界 ②警句-汇编-世界 Ⅳ.① H033.3

中国国家版本馆CIP数据核字（2023）第059113号

智慧书

选题策划	张远航
责任编辑	郑菲菲
责任印制	李 颖
出版发行	中央编译出版社
网　　址	www.cctpcm.com
地　　址	北京市海淀区北四环西路69号（100080）
电　　话	(010)55627391（总编室）　(010)55627392（编辑室） (010)55627320（发行部）　(010)55627377（新技术部）
经　　销	全国新华书店
印　　刷	北京盛通印刷股份有限公司
开　　本	880毫米×1230毫米　1/64
字　　数	101千字
印　　张	4.375
版　　次	2024年3月第1版
印　　次	2025年7月第4次印刷
定　　价	45.00元

新浪微博：@中央编译出版社　　**微　信**：中央编译出版社（ID：cctphome）
淘宝店铺：中央编译出版社直销店（http://shop108367160.taobao.com）(010)55627331

本社常年法律顾问：北京市吴栾赵阎律师事务所律师　闫军　梁勤
凡有印装质量问题，本社负责调换。电话：(010)55627320

智慧书

[西] 巴尔塔沙·葛拉西安————著

王涌芬————译

中央编译出版社

目　录

译者序：历经时光淘洗而不衰的处世经典　　　/ 1

1. 万物已近极致　　　/ 1
2. 品性与智慧，是组成人类才能的两个要素　　　/ 1
3. 做事时常留有悬念　　　/ 2
4. 有识亦应有胆　　　/ 3
5. 让别人依赖你　　　/ 3
6. 至善至美的境界　　　/ 4
7. 不要比上司更耀眼　　　/ 5
8. 不被激情左右　　　/ 6
9. 避免土生土长的缺陷　　　/ 7
10. 财富与名望　　　/ 8
11. 择师而交　　　/ 8
12. 自然和人工：原料与加工　　　/ 9
13. 有时三思而行，有时立下决断　　　/ 10
14. 事物本身及做事的方法　　　/ 11
15. 广纳贤人　　　/ 12

16. 学识和善心结合起来可确保成就不断　　/ 13
17. 变换你的行为模式　　/ 14
18. 努力和能力　　/ 15
19. 事前不要让人期望过高　　/ 15
20. 生逢其时的人　　/ 17
21. 幸运之道　　/ 17
22. 学以致用　　/ 18
23. 没有瑕疵　　/ 19
24. 控制自己的幻想　　/ 19
25. 善于领会弦外之音　　/ 20
26. 揪出他人的把柄　　/ 21
27. 求精深重于求广博　　/ 22
28. 超凡脱俗　　/ 23
29. 刚直的人坚持正义，不屈不挠　　/ 23
30. 不做毁誉之事　　/ 24
31. 学会趋利避害　　/ 25
32. 因善行而闻名　　/ 26
33. 知道如何逃避　　/ 26
34. 了解自己的最强项　　/ 27
35. 遇事斟酌，遇要事则更要斟酌　　/ 28

36. 进退之际，了解时运 / 29

37. 准备一些讥诮话，并善加利用 / 30

38. 急流勇退 / 31

39. 了解事物成熟的时机，并善加利用 / 31

40. 获得人们的好感 / 32

41. 切勿言过其实 / 33

42. 天生为王 / 34

43. 心随精英，口随大众 / 35

44. 英雄相惜 / 36

45. 狡猾可以运用，但不能滥用 / 37

46. 控制你的反感情绪 / 37

47. 避免"为荣誉而决斗" / 38

48. 做一个有深度的人至关重要 / 39

49. 明察善断 / 40

50. 不失自尊，也不要太过随便 / 40

51. 选择有道 / 41

52. 从不慌乱 / 42

53. 聪明且勤奋 / 42

54. 懂得展示你的勇气 / 43

55. 善于等待 / 44

56. 随机应变 / 45
57. 慢且稳 / 46
58. 恰当展现自己 / 46
59. 要有完美的收场 / 47
60. 判断准确 / 48
61. 卓越之处求卓越 / 48
62. 善其事必先利其器 / 49
63. 抢先为上 / 50
64. 远离烦恼 / 50
65. 培养高雅的品位 / 52
66. 使结局完美 / 53
67. 选择能够获得殊荣的行业 / 53
68. 点拨其心智,胜于助其回忆 / 54
69. 不要冲动行事 / 55
70. 学会拒绝 / 56
71. 不要左右摇摆 / 57
72. 要当机立断 / 58
73. 安然退避 / 59
74. 与人为善 / 59
75. 选择一位英雄作为偶像 / 60

76. 不要总开玩笑 / 61

77. 做人须八面玲珑 / 62

78. 做事有道 / 63

79. 轻松快活的个性 / 64

80. 获取信息要谨慎 / 65

81. 勇于推陈出新 / 66

82. 凡事无论好与坏,不要走极端 / 66

83. 容许自己有无伤大雅之过 / 67

84. 善用对手 / 68

85. 不做无所不知之人 / 69

86. 预防流言蜚语 / 70

87. 文明和高雅 / 71

88. 举止高贵大方 / 72

89. 了解自己 / 73

90. 长寿的秘密 / 73

91. 对做某事审慎与否有疑虑,就别着手去做 / 74

92. 要有超凡的智慧 / 75

93. 多才多艺 / 76

94. 让你的才能高深莫测 / 76

95. 让人们保持对你的期望 / 77

96. 至高无上的辨别力	/ 78
97. 赢得并维护美名	/ 78
98. 掩饰你的意图	/ 79
99. 本质与表象	/ 80
100. 做一个清醒的人，智慧的信徒，贤能的臣子	/ 80
101. 世上的一半人嘲笑另一半人，其实他们都是蠢人	/ 81
102. 天降大福需有大心胸消受	/ 82
103. 让每个人都保有尊严	/ 83
104. 明确不同工作的要求	/ 84
105. 勿招人烦	/ 85
106. 勿炫耀你的地位	/ 86
107. 勿自鸣得意	/ 87
108. 与人同行是成为伟人的捷径	/ 88
109. 不要吹毛求疵	/ 89
110. 不要坐以待毙	/ 90
111. 赢得朋友	/ 91
112. 博取他人的好感	/ 92
113. 未雨绸缪	/ 93

114. 避免与人相争	/ 93
115. 习惯熟人的缺点	/ 94
116. 只和可敬之人交往	/ 95
117. 决不谈论自己	/ 96
118. 要赢得谦恭有礼的名声	/ 97
119. 避免惹人厌烦	/ 97
120. 生活讲求实际	/ 98
121. 不要小题大做	/ 100
122. 言行应有威信	/ 100
123. 避免矫揉造作	/ 101
124. 要被他人想念	/ 102
125. 不要成为污点记录簿	/ 103
126. 愚蠢并非做了蠢事,而在于做后不知掩饰	/ 104
127. 凡事从容优雅	/ 105
128. 要有高远的志向	/ 106
129. 从不抱怨	/ 106
130. 要干,且要让人看见	/ 107
131. 慷慨大度	/ 108
132. 修正你的判断	/ 109

133. 宁可同醉，而不独醒 / 110

134. 加倍储存你的资源 / 110

135. 不要滋长唱反调的习气 / 111

136. 抓住事情关键 / 112

137. 圣人自足 / 113

138. 任其自然的艺术 / 114

139. 冷静面对倒霉的日子 / 115

140. 一眼看到事物好的一面 / 116

141. 不要只倾听自己的声音 / 117

142. 当对手先站在正确的一方时，你不能
固执地站在错误的一方 / 118

143. 别为免俗而玩弄诡辩之术 / 119

144. 开始于他人，受用于自己 / 119

145. 藏好你受伤的手指 / 120

146. 透过现象看本质 / 121

147. 采纳他人的建议 / 122

148. 掌握谈话的艺术 / 123

149. 懂得推罪于人 / 124

150. 推销得法 / 125

151. 高瞻远瞩 / 126

152. 不与令自己黯然失色之人为伍 / 127

153. 不要去填补前人留下的巨大空缺 / 128

154. 不轻易相信，也不轻易喜欢 / 128

155. 掌控激情的艺术 / 129

156. 选择你的朋友 / 131

157. 识人别出错 / 132

158. 善用朋友 / 132

159. 忍受愚蠢 / 133

160. 说话要谨慎 / 134

161. 认清自身喜爱的缺点 / 135

162. 如何战胜对手和诽谤者 / 136

163. 决不因同情而卷入他人的不幸 / 137

164. 投石问路 / 138

165. 斗争也要讲体面 / 138

166. 分辨善言者与善行者 / 139

167. 知道怎样依靠自己 / 140

168. 不要沦为愚蠢的怪物 / 141

169. 多加小心，避免万一失手胜过百发百中 / 142

170. 凡事有所保留 / 142

171. 不要滥用人情 / 143

172. 决不与一无所有者争斗 / 144
173. 与人相交，不要像玻璃般易碎，
    朋友间尤其如此 / 145
174. 不要活在匆忙中 / 146
175. 做个实在的人 / 147
176. 自知或从知者处知 / 148
177. 避免与人太亲近 / 148
178. 信赖你的内心 / 149
179. 缄默是才能的标志 / 150
180. 决不被敌人误导 / 151
181. 说真话，但不要说出所有真话 / 152
182. 凡事都要勇敢 / 152
183. 不要固执己见 / 153
184. 不要过分拘礼 / 154
185. 切莫孤注一掷赌名声 / 155
186. 认识缺点，不管其地位有多高 / 156
187. 令人愉快之事，自己做；令人不快之事，
    让他人代劳 / 157
188. 成为赞美之人 / 158
189. 利用他人的欲望 / 159

190. 在万物中寻觅慰藉 / 160

191. 慎防巧言令色 / 160

192. 心境平和则长寿 / 161

193. 防备那些利用他人达到自己目的的人 / 162

194. 理性看待自己和自己的事 / 163

195. 学会欣赏别人 / 164

196. 知道你的幸运星 / 164

197. 不要为蠢人所累 / 165

198. 懂得易地而处 / 166

199. 获得自己合适的位置，凭德行而非逾越 / 167

200. 把一些愿望留到以后去满足 / 168

201. 看上去愚蠢的人都是笨蛋，看上去
聪明的人也有一半是笨蛋 / 169

202. 言语和行为共同打造完美之人 / 170

203. 认识你这个时代的伟人 / 170

204. 举轻若重，且举重若轻 / 171

205. 懂得漠视的技巧 / 172

206. 要明白平庸者无处不在 / 173

207. 学会控制自己 / 174

208. 不要死于愚蠢 / 175

209. 超然于世俗的愚蠢 / 176
210. 懂得怎样对待真相 / 177
211. 天堂中一切是福，地狱中所有为苦 / 178
212. 懂得保留绝招的艺术 / 179
213. 懂得如何反驳 / 179
214. 不要把一个错误变成两个错误 / 181
215. 提防那些掩饰自己意图的人 / 181
216. 清楚地表达自己 / 182
217. 没有永远的爱，也没有永远的恨 / 183
218. 行动不可出自固执，而应源于了解 / 184
219. 不要被看成伪君子 / 185
220. 不能披狮皮，那就披狐皮 / 186
221. 不要动辄使自己和他人感到尴尬 / 187
222. 缄默是谨慎的表现 / 187
223. 不要因做作或粗心而显得古怪 / 188
224. 不看事物的反面，不管事情怎样出现 / 189
225. 知道你最大的缺点 / 190
226. 乐于帮助他人 / 191
227. 不要成为第一印象的奴隶 / 192
228. 不要传播丑闻 / 193

229. 合理规划自己的生活 / 194
230. 早日睁开你的眼睛 / 195
231. 不让他人看到未成之事 / 196
232. 要接触实务 / 197
233. 提供点食物，不要让人难咽 / 198
234. 决不把名誉托付他人，除非他人
以名誉作抵押 / 199
235. 求人有术 / 199
236. 如果日后必求人且需答谢，还不如
先施惠于人 / 201
237. 决不分享上司的秘密 / 202
238. 知道自己缺少什么 / 203
239. 不要打破砂锅问到底 / 204
240. 学会装傻 / 204
241. 容忍别人嘲笑，但别嘲弄他人 / 205
242. 做事要有始有终 / 206
243. 不要太过善良 / 207
244. 让别人对你感恩 / 207
245. 要有独到的见解，这是才智过人的标志 / 209
246. 除非被要求，决不提供解释 / 210

247. 求知应多，生活应简 / 210
248. 不要认同最新的说法 / 211
249. 人生不要本末倒置 / 212
250. 何时把他人的话反过来听 / 212
251. 运用人道之时，就当神道不存。
    运用神道之时，只当人道不在 / 213
252. 活着并非全为自己，也不是全为他人 / 214
253. 不要解释太多 / 215
254. 勿因恶小而轻视它 / 216
255. 行善不求大，但要常去做 / 217
256. 时刻做好防备 / 218
257. 不要轻易断交 / 219
258. 找人分担你的烦恼 / 220
259. 预见伤害，并将之转化为庇护 / 220
260. 我们不完全属于任何人，也没有
    任何人完全属于我们 / 221
261. 不要执迷不悟 / 222
262. 能够忘记 / 223
263. 许多好东西你不应一味想占有 / 224
264. 每天都不能大意 / 224

265. 为部下安排最难的任务 / 225
266. 不要因为太善良而变糟 / 226
267. 言语温软,举止优雅 / 227
268. 蠢人最后做的事,智者会马上做 / 228
269. 利用你刚上任时人们的新鲜感 / 229
270. 众人喜欢之物,个人不要谴责 / 230
271. 不管从事任何工作,如果你所知不多,就走最安全的路线 / 231
272. 出售东西,附送殷勤 / 231
273. 了解你所交往的人的性情 / 232
274. 要有吸引力 / 233
275. 参加游戏,但应得体 / 234
276. 知道如何完善自己的品性 / 235
277. 展示你自己 / 236
278. 避免抢眼而招致恶名 / 237
279. 不要回应驳斥你的人 / 238
280. 做个值得信赖的人 / 239
281. 赢得智者的好感 / 239
282. 不现身,从而使自己更受敬重 / 240
283. 拥有善于发现之天赋 / 241

284. 不要多管闲事 / 242

285. 不要死于他人之厄运 / 243

286. 不要对所有的人和事都负责 / 243

287. 冲动之时决不行动,否则你将失去所有 / 244

288. 顺应时势 / 245

289. 要贬低一个人,莫过于表明他和任何人都没有区别 / 245

290. 如能赢得人们的喜爱和尊敬,则是莫大的幸运 / 246

291. 懂得如何揣测他人 / 247

292. 让你自身的素质超过职责的要求 / 248

293. 做人应成熟 / 249

294. 观点不能有所偏颇 / 249

295. 若未奏效,不要邀功 / 250

296. 高贵的品质 / 251

297. 行动总如处于监视中 / 252

298. 可造就非凡之人的三大要素 / 252

299. 让人有饥饿感 / 253

300. 总而言之,做一位圣徒 / 254

译者序

历经时光淘洗而不衰的处世经典

一

在许多欧洲学者眼里,人类思想史上具有永恒价值的处世智慧包含于三大奇书之中:一是马基雅维里的《君主论》,二是孙武的《孙子兵法》,三就是葛拉西安的《智慧书》。《君主论》主要是为那些处心积虑想取得或保有王权的帝王而写;《孙子兵法》则主要为那些运筹于帷幄之中的将帅而写;而《智慧书》呢,却是为每一个人为人处世、安身立命而写。

如果单从处世智慧来看,《智慧书》则是三本奇书中最微妙、最具实用价值的一本。德国大哲学家叔本华曾刻意将《智慧书》译成德文,并盛赞此书"绝对的独一无二"。尼采也赞扬此书在论述道德的奥妙方面,整个欧洲也没有一本书比它更精微、更曲折多姿;他在一则札记中写道:"葛拉西安的人生经验显示出今日无人能比的智慧与颖悟。"

二

《智慧书》的作者巴尔塔沙·葛拉西安(Baltasar Gracian)是17世纪西班牙思想家、哲学家,也是一位满怀入世热忱的耶稣会教士,他的一生充满了坎坷。葛拉西安于1601年生于西班牙阿拉贡的贝尔蒙特村,1619年进入耶稣会见习修行,此后历任军中神父、告解神父、宣教师、教授及行政人员。虽未曾担任要职，但常与公职人员及贤达人士交往，善于察言观行，因而获得其格言警句之灵感。1636年，其处女作《英雄》问世，旋即引起轰动；1647年，其经典之作《智慧书》出版，掀起了更大的波澜！

葛拉西安因笔锋犀利、讥讽政治，被耶稣会警告，未获批准不得出版作品。1651年，葛拉西安开始以寓言小说形式探讨人生，以纯朴的田园生活反衬文明社会中的邪恶，讽刺巨作《批评家》问世。为此，他被耶稣会解除了教席，放逐至一乡下小镇，受人监视，直至1658年终老于此。

在随后的几百年间，葛拉西安的多部作品被人模仿，并被翻译成各种文字，风行全球，经久不衰。他的思想对伏尔泰和高乃依等在内的许多欧洲著名道德伦理学家，以及德国

17—18世纪的宫廷文学、19世纪的哲学都产生过重要的影响。

三

《智慧书》是葛拉西安的巅峰之作,汇集300则妙言警句,浓缩人生处世智慧之精华,可谓则则精辟、字字珠玑,充满了无价的生活智慧和修成智慧实际可行的法门。

在书中,作者以一种令人惊异的冷峻态度,对世俗的道德进行了深刻的反思,对于真相与表象、自私与友爱、机智与傲慢等,都提出了锐利的分析和实用的建议;为世人提供了识人观事、慎断是非、修炼自我、防范邪恶等处世智慧和谋略。通过这些睿智精妙的人生格言,读者不仅可获得克服生活困境的良方,更重要的是可增强对生活的理解和洞察力。阅读此书,一方面使我们叹服作者智慧的审慎态度,另一方面又使我们产生向善的心理。

《智慧书》行文简洁,立意遣词机趣多端,处处蕴藏智慧,读者须细嚼慢咽,仔细揣摩,每次只取一二句格言流连玩味,终致有所助益。

1. 万物已近极致

万物已近极致。为人处世的艺术更是如此。当今若想成就一位智者,花费的工夫比造就希腊七贤①还要多;现在要应付一个人,所需的智谋比从前应付整整一个民族还要多。

2. **品性与智慧,是组成人类才能的两个要素**

品性与智慧,是组成人类才能的两个要素。要走向幸福生活,缺少哪一个都将半途而废。仅仅拥有智慧是不够的,还要有好的品性。蠢人的不幸,在于没有获得适合他的地位、职业、

---

① 指公元前 6 世纪希腊的 Solon、Thales、Pittacus、Bias、Chilo、Periander 和 Cleobulus。

邻居与朋友圈子。

3. 做事时常留有悬念

做事时常留有悬念。若你的成功出人意料，则更能受到钦佩。任何事若昭然若揭，既毫无用处，又让人感到索然无味。若不急于公开自己所做之事，就会使人期待。若你地位显赫，将更能引人注目。将任何事都染上一层神秘的色彩，正是神秘引起尊崇。即便是阐明情况，也不要过于直白，就像在日常交往中不会暴露自己真实的想法一样。谨慎地保持沉默是世间智慧之精髓。公开声明的决心从不会获得高的评价，只给他人的品头论足留下口实。若所行之事恰巧以失败收场，你就会遭受双重的打击。若想引人惊奇与注意，就向那些缄默的神灵学习吧。

4. 有识亦应有胆

有识亦应有胆。这是成为伟人的要素。知识与勇气是不朽的,同样可使人不朽。懂得多少,便有多伟大;若你学识渊博,则无事不可为。一个人无知,正如世界没有光明。智慧与力量,就像双眼与双手。有识无胆者亦无所成。

5. 让别人依赖你

让别人依赖你。神之所以为神,不在于人们装饰其雕像,而在于人们诚心诚意地崇拜他。智者宁愿他人时刻需要自己,而非感激自己。保持他人的需求是智慧的,期望别人的感激是愚蠢的;期盼让人牢记,而感激使人忘却。受人依赖,比受人恭敬更有益。人解了渴之后,往往转身离开井边；橘子一旦榨干，便会被人从金盘子中扔到垃圾筐里。当人们对你的依赖消失，良好的品行和尊敬也会随着消失。努力保持人们对你的渴求之心，且不使其得到完全满足，这是最重要的人生经验之一。此法让你变得不可或缺，甚至连王座上的君主也永远需要你。但是不要做得太过分，以免误入歧途，也不要为了一己之私而让别人陷入病入膏肓的绝境。

6. 至善至美的境界

至善至美的境界。我们并非天生完美之人，因此应日求渐进，做到德业兼修，直至尽善尽美，禀赋圆成，成就非凡。完美与否，如何判断？这正是大家所常说的：品位是否纯正，头脑是否清醒，判断是否成熟，意志是否坚定。

有些人从来达不到至善的境界，总是有所欠缺；另外一些人则大器晚成。完美的人，言辞中透出智慧，行事谨慎小心，会使贤达之人乐于与之为伍，甚至追随。

7. 不要比上司更耀眼

不要比上司更耀眼。所有的成功都会引起嫉恨，若超过上司，更是愚蠢，甚至是致命的。优越者总是引起他人的憎恨，更别说超过位高权重之人。人要善于将自己的优势深藏不露。举个例子，姣好的面容可以用不经意的装束来遮掩。也许有人不在乎你有好的运气或是温良的秉性，但是没人会乐意——尤其是君主——你在判断力上超过他，因为优秀的判断力是王者特有的能力，你一定要僭越，便是对其不敬。身为君主，自然希望在判断力这一最高贵之特质上远胜一筹。他们可以允许旁人辅佐,却不允许有人超越;要让他们采纳建议,就要像是帮他们回想起忘掉的东西,而不是指引他们去找其久寻不得之物。天上的星辰教会了我们这种愉快的处世策略:它们是太阳之子,并且与太阳一样光亮,却从不与太阳争辉。

8. 不被激情左右

不被激情左右。这是最优秀的头脑才有的品质。这种优良品质使人免受短暂而低俗的冲动影响。没有什么驾驭能高于驾驭自身及自身之冲动——这是一种意志上的胜利。即便激情控制了你的脾气,也不要让它威胁你的地位;如果地位不低,你更需注意。这是避免丑闻的唯一坦途,也是重获荣誉的最短路径。

9. 避免土生土长的缺陷

避免土生土长的缺陷。水流之品质受河床土质之好坏的影响，人之品性受出生之气候优劣的影响。有些人会比别人更受故乡的恩泽，因为那里更为天清气爽。任何国家（即便是最文明的国家）都有其独特的缺陷——正是这些缺陷，让别的国家聊以自慰或是小心防范。纠正自己的缺陷，或甚至隐藏起这些缺陷，是最明智的胜利。你在同胞中鹤立鸡群，就会赢得好的声誉，出人意料的成功总是更受钦佩。其他的缺陷则源自家庭、职位、职业和所处的时代。如果所有这些缺陷都体现在一个人身上，并且未被小心约束，那定会让他成为无法忍受的怪物。

10. 财富与名望

财富与名望。一个变化无常,一个永恒持久。财富是为了今生,名望是为了来世。得利要防人嫉妒,得名要防人遗忘。人都渴求财运,有时也能达成愿望;名气则是努力挣来的。对名声的渴望源自美德。从古至今,名望总与巨人相伴,且往往会使人走向两种极端——要么成为可恶的魔鬼,要么成为卓越的天才。

11. 择师而交

择师而交。让友好的交流成为增长知识之渠道,从谈话中受到教益。这样便使朋友成为你的老师,将交流之乐趣与学习之好处融合在一起。明智的人享受交流的乐趣;发表言论赢得掌声，倾听谈话获得教益。我们通常会因私利而被他人吸引，但这也利于我们达到更高境界。贤达之人常常拜访高贵之人的处所，是将其作为良好修养的舞台，而非名利场。那里总有人因明智的处世智慧而闻名，不只是因为他们以身作则而成为杰出的智者，还因那些与之为伍的人构成了学习精妙处世哲学的儒雅社团。

12. 自然和人工：原料与加工

自然和人工：原料与加工。世上没有未经修饰的美；若无人工修饰，优点都将变得粗俗。人工技巧可弥补短处，提升长处。天生之物很少完美，因此我们必须求助人工技术。若无陶冶，最好的秉性也会变得毫无教养；若无培养，任何天赋都将折损一半。若无人为的修炼，任何人都有不够完美的一面；任何优点都需要打磨。

13. 有时三思而行，有时立下决断

有时三思而行，有时立下决断。生活就是一场与邪恶的战争。睿智的斗争伴随着意图的战略性改变——恐吓是假，声东击西。他总是隐藏自己的意图，先是老练地虚晃一枪，然后出其不意地猛击对方要害。他透露出一个意图，只是为了吸引对方的注意力，然后再伺机出奇制胜。但是，明智的人可以警惕地预料到这一招，然后隐藏起来——明智者总能看清对手希望自己了解的情况之反面，看破对方每个虚招诡计。他会放过第一次出击，等待第二个时机，甚至第三次出击的机会。当狡诈者发现自己的阴谋被人识破，就会使出更高的招数：改变策

略，以改变欺诈，想要用真相本身来蒙蔽，用不欺骗来达到欺骗的目的，把欺骗建立在最大程度的坦诚上。但是，明智者更会警觉起来，发现其光明外表下暗藏的阴谋诡计，解读其每个行动的真实含义，对方外表越单纯，可能心计越狡诈。蟒蛇怪皮同[①]用阴谋诡计与阿波罗的明光相斗时的情况正是如此。

14. 事物本身及做事的方法

事物本身及做事的方法。只注意事物本身还不够，还需注意做事的方法。坏的方式会毁掉所有事情——哪怕你是有道理的和正义的；好的做事方式可对事情有所补益，可让"拒绝"冠冕堂皇，让真相更喜闻乐见，甚至让苍老的

[①] 是古希腊神话中大地女神盖亚之子，代表黑暗，后被阿波罗用弓箭和火炬杀死。

面孔增色一点。如何做事,至关重要。礼节可获得人们好感。良好的风度给生活增添乐趣,令人愉快的表达助你轻松地摆脱困境。

15. 广纳贤人

广纳贤人。手握强权的人有一项特权,即网罗足智多谋之才,以摆脱无知的恐惧,助其解决难题。极少数伟人明白如何充分利用这些谋士,这比提戈涅斯①的粗野趣味要远胜一筹,他喜欢让被俘的君王做自己的奴仆。这是人生中最好且最新奇的驭人之术——从禀赋来说,他们可做我们的主人,却成为我们的仆人,为我所用。知无涯,而生有涯:没有知识的生活就不是真正的生活。若够聪明,你可学有所成

---

① 指公元前1世纪的亚美尼亚君王,出行时喜用被俘君王做随从。

而不费吹灰之力——只需博采众长，便可成为集大成者。之后，当你代表大家在议事厅发言时，你之前请教过多少智者，就等于有多少智者在借你的口说话，于是，你便可借他人之力获大智之名。这些贤达人士提炼最好的书籍，提供智慧的精华。如果不能让圣贤为你服务，也要与之为友。

16. 学识和善心结合起来可确保成就不断

学识和善心结合起来可确保成就不断。高超的智慧与邪恶的意愿相结合，会生出变态的魔怪。邪恶的意愿将破坏所有的优点；如果再有学识助力，将使事情更加败坏。这是一种可悲的过人之处，它的最终结果就是毁灭。有学识而无明智的判断，则倍加愚蠢。

17. 变换你的行为模式

变换你的行为模式。不要一直用同一种方式处理问题,以分散别人的注意力,有竞争对手时,更是如此。不要总是根据第一反应做事,人们会很快记住你这种一成不变的风格,并可预想到你的下一步,挫败你的计划。一只直飞的鸟很容易被捕杀;而迂回飞翔的小鸟则不易被抓到。最好也不要按照第二种想法做事,那样人们也极易洞悉你的计划。敌人一直在观察你,你要有过人的本领,以智取胜。赌徒从不打出对手可预料到的牌,更不会打出对手想要的牌。

18. 努力和能力

努力和能力。缺少两者,就不可能出类拔萃,如果二者兼而有之,定会卓尔不群。努力的平凡者比不努力的聪明人更有所成。工作是赢得荣誉的代价。付出少价值就低。即使是身居高位,所缺的往往是实干,很少是才能。宁愿在伟大的事业上取得普通成就,也不想在低级职位上出类拔萃,这本也无可厚非;如果你本是天才,却甘于平庸,则毫无道理。天赋与后天努力都不可或缺,付出努力方可大功告成。

19. 事前不要让人期望过高

事前不要让人期望过高。名人常见的不幸,便是盛名之下其实难副。事实永远无法满足想象，因为理想容易树立，实现则很难。想象与希望结合，将孕育出更多与事实相距甚远的东西。无论结果多么出色，都无法满足人们的期望。当过高的期望落空，失望随之而来，人们更易心生幻灭，而非佩服。人们心中的希望能极大地扭曲真相，你要有防备这一点的能力，确保所得成果超过希望。刚开始，少许的成功足以唤起人们的好奇心，不必再去信誓旦旦承诺达到什么成功的目标。要让实际超过预计，让结果好过预想。但这个法则不适用于糟糕的事情，夸大坏的程度对之反而起到很大的帮助——对坏处的夸张失实之后会让人们欢呼，因为起初看上去具有毁灭性的事物，到最后竟然变得完全能够承受。

20. 生逢其时的人

生逢其时的人。最珍稀的人总是有赖于他们所处的时代。不是每个人都能生而逢时,即便是生而逢时,也未必能把握时机。有些人本应生在更美好的年代,因为善良之人并非无往而不胜。万物都有自己的时代,就连优秀的品质也要看它是否跟得上潮流。智者的一个优势在于:智者不朽。哪怕现在不得志,今后也定会流芳百世。

21. 幸运之道

幸运之道。幸运自有规律:智者不会只靠运气,运气可以小心维护。有些人满足于徘徊在幸运的机会大门前,期望幸运女神将其打开。有些人做得更好,他们凭借自己的胆大心细,奋勇向前，亲近幸运女神，用美德与英勇的翅膀赢得她的喜爱，进而获益。但是，从真正的人生观来讲，美德与见识才是真正的评判官，因为世上没有幸与不幸之别，只有聪明与愚蠢之分。

22. 学以致用

学以致用。智者用高尚的品位和博雅的学识武装自己——此乃经世致用的学问，而非市井杂谈。他们具备广博的智慧妙语，懂得大量的丰功伟绩，并且深知如何在各种情况下加以运用。通常情况下，用俏皮话的方式阐释严肃的教义更有益。灵活实用的知识比七艺[①]更有帮助，不管七艺有多么雅致。

---

① 指中世纪欧洲大学常设的七门学科：语法、修辞、逻辑、算术、几何、音乐和天文。

23. 没有瑕疵

没有瑕疵。这是完美所必要达到的境界。任何人都会有缺点,无论是身体上还是精神上。尽管很容易克服,人们却听之任之。杰出人士身上的缺陷,总会让目光敏锐的人感到遗憾——要知道,一小片乌云便足以遮掩整个太阳的光辉。在我们的名誉方面,也有类似瑕疵,居心不良者一眼就能看到,且会不断发难。最好的方法是把瑕疵当作装饰,所以恺撒曾用桂冠隐藏起自己秃头的缺陷。

24. 控制自己的幻想

控制自己的幻想。有时你必须纠正幻想,有时你要促进幻想。这件事关系到我们是否幸福、是否理智。人的幻想可能横行霸道,并不满足于冷眼旁观,而会影响并统治我们的生活。幻想能带给我们欢乐,也会成为我们的负担。这取决于它将我们引向何种荒谬。它可让我们知足,也会让我们对自己不满。对某些人来说,幻想是不断的惩罚,是让愚蠢之人苦修的鞭带;对另一些人来说,幻想以快乐的错觉来承诺幸福和奇遇。它什么都能做,除非你能通过最谨慎的克制,而成为它的主人。

25. 善于领会弦外之音

善于领会弦外之音。善谈曾是人首先要掌握的技巧,但此术已不敷用。我们必须懂得领悟暗示,尤其是用于解除自己的疑惑。若不能很好地理解别人,那就很难被别人理解。有的人就像极善揣测他人之心的术士、洞察猎物之意的山猫。恰恰是那些对我们极为重要的真相，别人只会说一半。但是，只要用心，我们就能够理解全部含义。好事宁信其无，坏事宁信其有。

26. 揪出他人的把柄

揪出他人的把柄。这是控制他人意志的艺术。与其说需要决心，毋宁说需要技巧。你必须懂得如何着手。每一决断都有其特定的动机，并随个人品位之异而异。所有人都有崇拜情结：重名、重利，或者如多数人那样，重个人愉悦。控制人们的诀窍是：明了他们的崇拜物是什么，从而牵着他们的鼻子走。掌握某人行事的主要动机，就等于拥有了开启其欲望之门的钥匙。你所需寻找的初始动机，并非总是人性中最高尚的部分，更多时候，它常常是人性中最卑下的东西，因为世人秉性不良者比秉性良善者要多。揣测一个人的主要兴趣,以言语要求他,以诱惑促其行动,他必为你所用。

27. 求精深重于求广博

求精深重于求广博。优秀在质,而非量。最好的事物往往十分稀有——物以稀为贵。人亦如此,往往巨人也是侏儒。某些书以其形式厚重而获得人们的赞誉,似乎此书是要锻炼臂力而非智力。只有广博决不能超越平庸,那些可怜的所谓通才总是试图门门精通,却总是样样不通,这是他们的不幸。精深方可卓越。如若专精于要事,则可享誉盛名。

28. 超凡脱俗

超凡脱俗。首先在品位上,更须脱俗。当你为取悦平庸大众时之所为有所不安,说明你尚且伟大而明智。庸俗大众的掌声绝对无法满足智者,但也有投俗取宠的变色龙①——他们特喜吞食大众之俗气,而不愿呼吸阿波罗之和煦清风。再者,见识要脱俗。不要以平庸大众的惊叹为乐,因为无知之人只会惊叹。当庸人惊叹之时,智者要谨防受其蒙蔽。

29. 刚直的人坚持正义,不屈不挠

刚直的人坚持正义,不屈不挠。无论是暴民之冲动,抑或是暴君之淫威,都不会令其有

---

① 变色龙代表虚荣,古人以为它靠吸风、饮气维生。

失公允。但是，谁能成为这样一个不死鸟式的公正人物呢？追随正义的人屈指可数。确实有许多人赞美这种品德，但只希望别人去实践。有的勇于实践，却往往知难而退；危难当头，伪君子弃之若敝，政客将之改头换面。坚守正义，就不在乎其是否与友谊、权势甚至私利相冲突，所以便有被人抛弃之危险。狡猾之人巧言惑众，大谈所谓为了服从上级，或是为了国家利益。但率直忠贞之人却视其为背信弃义。他们更注重坚贞不屈，而非所谓的精明。这样的人总与真理为伴。若他们抛弃了某一群体，则是因他人背弃了真理，而非他们变化无常。

30. 不做毁誉之事

不做毁誉之事。更不要追随可能带来恶名而不是荣誉的风气。社会上有不少邪门左道，明智的人远离这一切。有些人的品位是很奇怪的，明智之人鄙弃的东西他也能全盘接受。他们酷爱那些奇行怪事，这确实可能让他们家喻户晓，但往往是作为笑柄，而非赞誉。谨慎之人不会公然宣称自己有智慧，更别说去追求那些让自己或是追随者看上去可笑的东西。这种事情无须特指，人们的鄙视已足以指明。

31. 学会趋利避害

学会趋利避害。霉运往往是对愚蠢的惩罚，且极易传染。不要以恶小而开门，因为大恶往往会随之而来。玩牌的诀窍是：你应明白自己何时该舍弃某张牌。在过去的一局中，最大的牌也比不上现在最小的王牌。假如你举棋不定，记得结交智慧而审慎的人，他们迟早会赢。

32. 因善行而闻名

因善行而闻名。仁德应被位高权重之人引为无上光荣,赢得普天大众之好感是君主才有的特权。做领袖的一大好处是:较其他人更易行善。要结交朋友,就要做好事。但是,有的人却总是很暴虐,不是因为亲善很难,而是因为这种人性情乖戾,凡事他们都喜欢与神圣的仁善背道而驰。

33. 知道如何逃避

知道如何逃避。懂得如何拒绝是人生最重要的一课,其中,更重要的是懂得如何拒绝牵涉某些事与人。那些无关之事只是徒耗宝贵时光。忙于无关之事,还不如什么都不做。对一个谨慎细致的人来说,不仅不干涉他人,还要注意不被他人干涉。别完全属于他人,以免完全失去自己。对于朋友,你不能滥用其帮助,你所求之帮助不能超过他们愿意给你的。过犹不及,人际交往最忌失衡。明智地适可而止,可赢得别人的善意和尊重,用这种方法,别人才会始终对你客客气气。懂得逃避,你才能保住自己的才华,去自由选择最好的东西,而不违背追求高品位的不成文法则。

34. 了解自己的最强项

了解自己的最强项。充分了解自己的天赋,培养它,会有助于其他特长的发展。假如人人都知道自己的长处,那么,人人都能在某一领域有所建树。分辨出自己的天赋属于何种类型,并且加以保护。有人长于判断,有人富有勇气。大部分人都在粗暴地运用自己的天资,结果一无所获。当初只是在热情中迷失，日后醒悟过来，却为时已晚。

35. 遇事斟酌，遇要事则更要斟酌

遇事斟酌，遇要事则更要斟酌。蠢人之所以陷入悲伤，皆因其缺乏思考。他们对事物的认识一知半解，因不知其得失，也就不肯全力以赴去做。有的人也思考，可本末倒置，漠视紧要之事，却对鸡毛蒜皮之事小题大做。有的人绝不会失去理智，因为他们根本没有理智。我们要详察一些事情，且铭记于心。智者思索每一件事情，却有所分别，他们尤其注重极艰深之事，总觉得自己很可能思虑不周。如此一来，其所虑之事必为其所知。

36. 进退之际,了解时运

进退之际,了解时运。把握自己的时运比了解自己的脾气秉性更为重要。如果人到四十才向希波克拉底①要健康,无疑是愚蠢的;如果这时才知道向塞涅卡②要智慧,就更愚蠢了。懂得在等待好运的同时如何引导运气,需要有高超的技巧。有的事只要等待好运便能完成,因为运气是有周期的且能提供机会——尽管它没有规律,难以捉摸。如果受到幸运女神的青睐,你就应大胆向前,因为幸运女神喜欢勇敢的人。作为女性,她也喜欢年轻人。假使你时运不济,你就应撤退,以免一失再失。

---

① 古希腊名医,西方医学奠基人。

② 古罗马政治家、哲学家、演说家、作家,晚期斯多葛派哲学的主要代表人物。

37. 准备一些讥诮话，并善加利用

准备一些讥诮话，并善加利用。人际交往中，此点最奥妙。有的讥诮话常常用来探测别人的情绪，它往往是刺探人心的最敏锐的试金石。有的话恶毒、粗野，因深染妒忌之气或激情之毒，它猛一出现可立马摧毁所有的好感和尊重。就是被这种话稍稍刺激，许多人和尊长或下属再不亲密——他们原本亲密无间，众人的暗讽和一些人的恶意都不能动摇他们的关系。有的讥诮话可以起到好的作用，巩固和提高人的名望。不管怎样，他人越有奸计，我们越要加倍小心，敏锐且有预见性地把它化解掉。知晓他人的恶意，本身就是一种防备——能够被预见的一击常常打不中目标。

38. 急流勇退

急流勇退。所有的高级玩家均长于此道。适时的撤退正如巧妙的进攻。一旦功德圆满,即便还有更多盛名,也要急流勇退。络绎不绝的好运总是十分可疑。断续的好运似乎更安全一些,对于那些喜欢品尝忧喜参半之味的人来说,似乎也更甜美。当好运来得太多太快时,危险也越大,且可能一塌糊涂。有时,幸运女神的青睐虽然很强烈,但是却很短暂。背一个人太久了,她很快就会厌倦的。

39. 了解事物成熟的时机,并善加利用

了解事物成熟的时机,并善加利用。万物都有其成熟之时——在此之前它们不断完善,

然后逐渐衰退。至于人工之物，则很少能够达到完美的顶点而无须改进。那些高品位的人的特权，就是在事物达到完美之时充分享受它。并非人人都能分辨出这一时刻，即便能够辨别，也未必知道如何享用。智慧的果实也有成熟之时，要善察其时，以便利用它的使用价值和交换价值。

40. 获得人们的好感

获得人们的好感。获得人们普遍的赞美的确了不起，得到大众的爱戴则更了不起。这既靠天资，也靠后天的努力——前者是基础，后者建立在前者之上。虽然天资被认为是必需的，但是光靠它是不够的。你应该赢得美名，之后要赢得好感就比较容易。要让人们产生好感，你须有善行——不仅要说善话，更要做善事。如欲被爱，则须先爱人。亲切周到是大人物精明的法宝。先立功德而后立言，先建功而后立传——赢得立言人的好感将使你英名永传。

41. 切勿言过其实

切勿言过其实。细心谨慎的一个重要目的，就是说话不过分使用"最"字，以免违背事实，或是让人对你的判断力产生怀疑。言过其实糟蹋你的判断力，显得你学识浅薄，品位低劣。赞美之辞引来人们的好奇心，好奇心又滋生欲望。待之后人们发现你是在夸大其词时，期望落空，就会有种被欺骗的感觉，于是滋生报复之心，将赞美者和被赞美者一起贬低下去。因此，谨小慎微之人在评价事物时总是很谨慎，宁可言之不足，也不夸大其词。非凡的事物是很少见的，因此，你要节制你的评价。夸大其词近乎说谎，会危及自身声誉,让人对你的品位产生怀疑;更糟糕的是,让人怀疑你的见识。

42. 天生为王

天生为王。这是一种神秘的特异力量,不是来源于技巧,而来自天生的支配力。人们会不明就里地臣服于此人脚下,拜服于这种权威的神秘力量。这种天生的王者有君王的资质,有如雄狮般的特殊才能。他们使人敬畏、甘心臣服。假如他们还有其他品质,那么他们天生就要成为国家的风云人物。他的一个手势所造成的影响,远胜于别人的长篇大论。

43. 心随精英，口随大众

心随精英，口随大众。逆流而上难以纠正错误，并且危机四伏——只有苏格拉底[①]才敢这么做。与他人唱反调，他人会视为侮辱，因为这相当于你在谴责其判断力。你谴责了某种看法，也就谴责了赞成这种看法的人，因此，你会招致双倍的厌恶。真理属于少数人，谬误恶劣却普遍。你不能根据人们在公众之前所言去判断其是否明智。智者在那里说的话都不是发自内心，只是迎合大众趣味而已，他内心也许对此深恶痛绝。谨慎之人应避免被人反驳，也应尽量不反驳别人——虽然他们老早便已作出评判，却不急于发表。人的思想生而自由，不容亦不应遭到贸然侵犯。智者因此保持缄默，

---

① 古希腊哲学家、演说家，柏拉图的老师。以"渎神违教"之罪被控入狱，被判死刑，服毒而亡。

如果他愿意敞开胸怀,也只是在隐蔽之处,在一小部分合适的人面前。

44. 英雄相惜

英雄相惜。与其他英雄惺惺相惜是英雄的特质。可以说,这种特质是人间奇迹,因为它神秘而于人有益。心灵之间有天生的亲缘关系,心灵结合的效果是这样神奇,使得无知俗人将其归结为魔力。产生敬重,进而产生善意,有时,还能产生友爱。它无须言语而使人信服,无须付出而赢得众多。感情上的共鸣分为主动和被动两种,皆能带来相同的幸福。越如此,越令人崇敬。认识、区别并利用这种天赋,是一门伟大的艺术。无论多努力,都无法取代这种造化的眷顾。

45. 狡猾可以运用，但不能滥用

狡猾可以运用，但不能滥用。狡猾，不应成为你的嗜好，更不应该用于自夸。所有的计谋都须隐藏，最该隐藏的就是狡猾，人们最痛恨它。世上常有欺骗，因此你须多加留意。但是，你又不能将防人之心示于人，因为它会引起怀疑，招致麻烦，唤醒他人的报复之心，给你带来不可预知的灾难。做事之前考虑再三是十分有益的，没有比这更能证明你有智慧。能否运筹帷幄，决胜千里，全在于手段是否周全。

46. 控制你的反感情绪

控制你的反感情绪。我们总是任凭自己的本能厌恶一些人，即便我们尚未了解他们的情况。有时，这种发自内心的卑劣的厌恶会指向

杰出人士。要有意识地去克制这种憎恶感——厌恶杰出人物是最可耻的,就像赞同大人物能让我们崇高一样,厌恶伟人也贬低了我们自己。

47. 避免"为荣誉而决斗"

避免"为荣誉而决斗"。这是审慎行事的最主要的一点。那些雄才大略之人总是远离极端,以确保不偏不倚。从一个极端到另一个极端,有很长的一段路,谨慎之人经常采取中庸之道,所以能够从容应对。避免招惹是非比招惹是非后再全身而退要容易一些。危险考验我们的判断力,最好避开,而不是征服。有时,一个事端能够引发更大的事端,以致可能带来耻辱。因自身秉性或种族关系,有的人容易陷入事端之中。而那些理智行事的人,对这类事总会思虑再三。征服危险并非强者,善于避险才是真正的勇士。当有傻瓜准备冒险时,你就要找借口,避免成为第二个傻瓜。

48. 做一个有深度的人至关重要

做一个有深度的人至关重要。一个人的内涵至少与外表一样重要。有人只是空有一具好皮囊,就像一间房子,因资金不足而只装饰了表面,门廊像宫殿,而里屋却如茅草房。深入到他们的头脑之中,你将一无所获。尽管他们会来打扰你,在最初的寒暄过后,他们就无话可说了。与人初次见面,他们的寒暄敏捷如西西里的骏马,不过随即便陷入沉默。因为,没有思想的源泉,言语会很快枯竭。浅薄之人可能会被这种人蒙蔽,但是,明智之人能够一眼看透,知道他们的内心空无一物,除了一些可作笑柄的材料。

49. 明察善断

明察善断。一个明察善断的人可以驾驭事物,而不被事物驾驭。他能迅速探知事物最本质的东西,他还善于相面。无论是谁,只要他看一眼,就能判断是什么样的人,并断定其本性。通过有限的观察,他能探知隐藏最深的秘密。他洞察敏锐,领会精微,推理明确,可以发现、留意、掌握和了解一切事物。

50. 不失自尊,也不要太过随便

不失自尊,也不要太过随便。要让自身的正义感成为令你正直的真正标准,使你对自己的审查比外界的一切制裁更为严格。任何不体面之事都别做,并非害怕外界的权威,而是因为自尊。注重这一点，就不需要塞涅卡所谓的"假想监督者"[①]了。

51. 选择有道

选择有道。生活中的许多事都要看你是否有选择能力。只靠智慧或学习能力是不够的，你需要有良好的品位和正确的判断力。若想成为精英，必须精于选择。这就需要你做到两件事：有能力选择和能够作出最佳选择。许多人头脑聪敏，有敏锐的判断力，且博学多闻，可是面临选择时仍是不知所措。他们总是挑选最糟糕的东西，好像要故意犯错。所以，懂得如何选择是最伟大的天赋之一。

---

① 指良心，出自塞涅卡《道德书简》。

52. 从不慌乱

从不慌乱。绝不让自己窘迫是审慎之人的一大目标。这也是一个有着一颗高贵的心的真正的人的标志，因为只有胸怀宽阔的人才不易情绪失衡。激情乃是内心的玩笑，任何过度的激情都会削弱我们的谨慎。假如你任其流露，将有损你的名声。因此，让我们主宰自己，无论是一帆风顺还是举步维艰，都不因任何事情失去自控而损害名声。相反，要表现得泰然自若而增进我们的名声。

53. 聪明且勤奋

聪明且勤奋。勤奋可加快实现你反复考虑过的计划。蠢人常因匆忙而失败，他们无法掌握要领，行事缺乏准备。而智者则不然，他们常因拖延而失败，他们深谋远虑，再三斟酌，这种耽搁往往让他们无法及时作出正确判断。但是，做事敏捷就是好运之母。讲求效率，事不隔夜，可成就良多。"忙里偷闲，缓中带急"，确是金玉良言。

54. 懂得展示你的勇气

懂得展示你的勇气。即便是兔子也敢拔死狮的鬃毛。勇气不是开玩笑的。只要屈服一次，就会有第二次，而且还会无止境地屈服下去。最终达到目的所承受的麻烦不会比最初少。精神上的勇气总是胜过体力上的蛮勇。勇气应该像利剑一般，待命于谨慎之鞘中，伺机而出。同时，它也是你保护自身重要部位的盾牌。精神上的软弱比身体上的虚弱更把人贬低。很多人资质非凡，就因为没有这种刚毅的心，从而死气沉沉地枉过一生,在萎靡中死去。奇妙的大自然自有其绝妙的安排:在蜜蜂身上结合了甘甜的蜂蜜和尖锐的毒刺。

55. 善于等待

善于等待。善于等待的人从不慌张,从不受控于自身情绪,有着一颗有耐心的高贵之心。人若想去管别人,首先要管好自己。在到达机会的核心之前,你得经过其外围。明智的犹疑使目标更有趣味,使手段更加成熟。时间老人的拐杖比赫克乐斯①的铁杖还好使。上帝惩戒人,用时间而非鞭子。正如一句伟大的箴言②所说:"给我时间,我能够以一敌二。"命运总是把头等奖颁给善于等待之人。

---

① 希腊神话中的大力士,宙斯之子。

② 指西班牙国王查理一世(1516—1556),兼神圣罗马皇帝查理五世(1519—1556)所说的话。

56. 随机应变

随机应变。随机应变源于头脑的敏捷与果断。有了这种活力与警觉,便不怕危险或灾难。有些人虽思虑良多,可做什么事最后都出差错;而有些人事先并无打算,却能达到自己的目的。确实有这样一种怪才,越是在紧急的情况下,越能发挥自己的能力。怪就怪在,他们随手所做之事都能成功,经过深思熟虑的事情反而都遭到失败。他们要么在当时就做好了事情,要么就永远做不好,对他们来说,不存在第二次机会。敏捷能够赢来赞赏,因为这证明了你有一种非凡的能力:判断精准,行为审慎。

57. 慢且稳

慢且稳。做事妥帖,就相当于做得快。如只想速决,则可能速败。凡永恒之事,必有持续之力才能达成。只有卓尔不群才有价值,只有真正的成功才能长久,只有深邃的智慧才能令你声名不朽。价值高,则成本高,金属亦然,最贵重的,分量也最重。

58. 恰当展现自己

恰当展现自己。无须在每个人面前都显示你的才能。不要使出不必要的力气。不要浪费脑力,更不要浪费体力。老练的养鹰人只放够用的鹰去捕猎。如你今天展现太多,明天则不再有可展示之物。你总要留些新奇的东西,让人眼前一亮。每天展现新鲜之物，人们则会对你始终抱有期待，无法探知你才能的深浅。

59. 要有完美的收场

要有完美的收场。在造访命运之屋时，假如你从快乐之门进入，肯定会从悲伤之门离开，反之亦然。因此，做事时，你必须考虑如何收场。追求功德圆满的退场，胜过轰轰烈烈的开场。倒霉之人常常有极其幸运的开端，但结局却很悲惨。重要的不是一上场时大家的掌声——他们几乎对谁都如此——而是退场时大家对你的依恋。在人生的舞台上，很少有人被认为值得重新再来。幸运女神几乎不会送人到门口——她总是对初到之人热情似火，对将去之人冷若寒冰。

60. 判断准确

判断准确。有些人天生聪慧，凭借这一天生的优势，在学习之初，他们就已成功了一半。年纪愈长，经验日丰，他们的判断力也会变得十分敏捷和准确。他们厌恶一切可能偏离审慎的奇想怪念，尤其是国家大事，因为国家大事十分重要，讲求万无一失。这种人可以站在国家的舵轮旁边，或者是领航员，或者是舵手。

61. 卓越之处求卓越

卓越之处求卓越。在各种优秀的特质中，这是最为珍稀的。伟人必然有其优异之处，平庸之人从来不能赢得人们的喝彩。在不平凡的岗位上出类拔萃，可使你别于俗世的庸才，而进入精英的行列。在微贱的岗位上就算做得出色，也是一件很微不足道的事情——越是容易成功，便越算不得荣耀。在崇高的事业上追求卓越可使你具有王者气质，将使众人赞叹不已，并赢得好感。

62. 善其事必先利其器

善其事必先利其器。一些人以使用低劣的工具来证明其技高一筹。这是一种危险的自满，若遭遇重大挫折，实是咎由自取。臣子的优秀绝不会使君王的伟大有所减损。所有丰功伟业都归于领袖，就像他们也要承担所有责难一样。名誉女神只与领袖打交道，她从不说"这人有良臣，那人有劣将"，她只是说"这人高明，那人低劣"。因此，你需要仔细地挑选并考察助手，因为你要依赖他们以成就不朽的盛名。

63. 抢先为上

抢先为上。若还能表现优异，则是好上加好。在棋手水平旗鼓相当的情况下，谁先走第一步，谁就占有很大的优势。许多人如能抢占先机，原本可以独占鳌头。领先之人才是名望的继承人，后来者只能作为次子，分到一点残羹冷炙。不管后来者如何费尽心机，总有鹦鹉学舌之嫌。杰出的天才总会小心谨慎，采用技巧另辟蹊径，以求卓越。因其事业之新，得以名垂青史。某些人却宁为鸡头，而不为凤尾。

64. 远离烦恼

远离烦恼。这种谨慎会有好的回报，它能让你避免许多纷扰，带来舒适与幸福。不要告诉别人坏消息，自己也不要接受这种消息，除非它对自己有益。有的人的耳朵已经被甜蜜的恭维话塞满了；有的人则听多了苦涩的谣言；还有的人，如果哪天没有烦恼便坐立不安，就像米斯利达提斯[①]那种人，每天都要吃点毒药。为了赢得他人的好感而使自己郁闷终生，也不是生活的法则，不管你与他多么亲密。别人帮你出谋划策，但却不担负任何责任，你不要为了赢得他的欢心而错失自己的机会。并且，只要帮助别人便意味着为难自己，要记住：最好不让他现在得到满足，以免你以后白白忍受痛苦。

[①] 本都国王，传说他常服用少量毒药使身体产生抗毒能力，以防被毒死。

65. 培养高雅的品位

培养高雅的品位。和聪明才智一样，高雅的品位是能够培养的。透彻的领悟能力可刺激你的胃口，增加你的快乐。判断一个人的精神是否高贵，可看其品位是否高雅——只有伟大的事物才能满足伟大的心灵。嘴巴越大，能吞下的东西才越多；那些高尚的事业只有崇高之人能为之。在鉴赏大家面前，即便是最勇敢的人也会胆战心惊，最完美的人也会丧失信心。一流的事物是罕见的，因此，不要轻易欣赏。品位可通过人际交往而传授。能与品位最高雅的人结交，将是一大幸运。但是，千万不要宣称自己对什么都不满意，这是极其愚蠢的。若出于装腔作势，那就比出自不切实际的幻想更让人讨厌。有人会期望上帝另造一个世界，另造其他理想的事物，以满足他们不可思议的幻想。

66. 使结局完美

使结局完美。有些人注重行事是否合乎规范，而非是否成功。但是，对世人而言，最终失败的结局是耻辱的，它抵消了人们对你之前遵循规矩的所有认可。获胜之人无须解释。世人只注重结果，而非你所用方法的细节。如果你可以达到预期的目标，荣誉就不会减损。无论你采用的手段如何令人不满，只要有好的结局，那么一切将被镀金。因此，有些时候，逾越规则正是生活的规则——如果只有不拘泥于手段才能成功的话。

67. 选择能够获得殊荣的行业

选择能够获得殊荣的行业。大部分事情都要靠他人是否满意来决定其好坏。如美丽的花朵需要春风助力才有生机一样，你的卓越需要别人的尊重：有些职业为众人尊敬；也有些职业尽管更为重要，却没有名誉。前者有目共睹，人人向往；后者罕见而更为珍贵，更有价值，可惜始终默默无闻，虽可敬，却无人喝彩。君主之中，有战功之人最受赞颂，阿拉恭[1]诸王正是凭此为人称颂为"勇士""征服者""伟人"。能人应该选择有名且有用的显赫职业——众心所向，才能永垂不朽。

68. 点拨其心智，胜于助其回忆

点拨其心智，胜于助其回忆。前者需要思考，后者只需回忆。许多人不能在恰当的时候做恰当的事，只是因为他们一时未能想起来。在这种情况下，朋友的提醒可让他们看清事物

---

[1] 指位于西班牙东北部的一个古国。

的利弊。能审时度势、提供当下所需是人的一大天赋——缺少了它,许多事就无法继续。如果你有见事之明,就应为他人指点迷津。如果你没有,就请他人帮助你。前者你要慎重,后者你要急切。为人引路时须谨慎行事,点到即可。如果事关当事人的利益,而你已提醒他小心,则更需讲究这个技巧。一开始,你只需让他有所领悟;如果还不够,就应提供更多的信息。假使对方不以为然,你就应运用技巧让他赞同。很多事情没有结果,只是因为没有尝试罢了。

69. 不要冲动行事

不要冲动行事。从不为他人印象所左右的人是了不起的。自我反省可以提升智慧。了解自身秉性,并加以注意,甚至有意识地反其道而行,平衡修养与天性。提升自我始于认识自我。有的人性情怪异、变幻莫测,这样或那样的情绪摆布他们,代替了他们真正的意愿。他们的心智因这种不和谐而分裂,于是做事总是自相矛盾。这种放浪的性格会破坏他们的意志,打击他们的判断力,并使他们的欲望与理智背道而驰。

70. 学会拒绝

学会拒绝。与人相处,有求必应是不切实际的。懂得如何拒绝,与懂得如何承诺同样重要,特别是对居于高位的人来说,更是如此。任何事都取决于你如何去做。有些人的拒绝比另一些人的承诺更让人感激。因为镀了金的"不"比干巴的"是"更得人心。有很多人总把"不"字挂在嘴边,事事令人厌恶。他们总是先拒绝,虽然后来也可能让步,却无法获得任何好处,因为他们一开始就让人失望。拒绝别人不要直截了当,要让别人渐渐地接受被拒绝的事实。绝不彻底回绝什么事——如果是那样,别人就再也不会依赖你。因此,要留一些希望,让你的拒绝更柔和。既然没有好处,就要用好言好语来补偿。"是"和"不"说起来很快,但说之前却是颇费脑筋。

71. 不要左右摇摆

不要左右摇摆。不要让你的言行因性情或做作而反常。能者常因保持最好的状态而获得人们的信任。如果他有所改变,那也是因为他有恰当的理由和周全的考虑。行为反复无常十分有害。有些人天天都不一样——他们的才智无定数,他们的意志更多变,于是运气也无常。

昨天的白变成了今天的黑,昨天的"是"到今天变成"不"。他们自毁名誉,也损害了别人对自己的信任。

72. 要当机立断

要当机立断。相比计划执行得不好,拟定计划时的犹豫不决更有害。被阻挡的河流比流动的河流更危险。有些人总是迟疑不决,需要他人指点。其实,这并非由于事情复杂(其实他们判断得很明确),而是因为他们没有行动力。找出问题所在需要技巧,而找到解决之道则更需技巧。另一些人决不会陷入困境,因为他们有着清晰的判断能力和坚定的个性,他们适合最高的事业。智慧告诉他们从何着手,毅力告诉他们怎样成功。他们很快就能办好任何事情:只要做完一件事,他们就已为下一件事做好了准备。如果有好的时运,他们定会成功。

73. 安然退避

安然退避。这是聪明人走出困境的法宝。机智地运用一句巧言,他们就能从最错综复杂的迷宫中脱身。用一句空话或一个微笑,他们可摆脱严肃的争论。大部分伟人都擅长此道。当你必须拒绝某件事时,转换话题通常是最礼貌的方式。有时候,装作不理解就是最高明的理解。

74. 与人为善

与人为善。最野蛮的动物生活在人口最多的地方。那些没有自知之明的人难以让人接近,他们的头衔改变他们的态度。想获得别人的善意，却对别人恶意相待，这自然行不通。这些人不过是一群不合群的、傲慢无礼的怪物——看他们那副德行！不幸的仆人不得不与其说话时，就如同要与老虎搏斗一般，再三忍耐、胆战心惊。为了谋求高位，他们肯定曾低三下四地四处拍马屁；一旦大权在握，就想让所有人都感到不快，以雪旧耻。他的职位本来是要求他们和蔼可亲，但是因为傲气或坏脾气，他们让人难以亲近。用文明的方式来惩罚这种人，就是要对他们视而不见，不与他们交流，从而剥夺他们提高自身的机会。

75. 选择一位英雄作为偶像

选择一位英雄作为偶像。你要赶超他，而非一味模仿他。世上有很多种杰出人物，他们是荣耀的活教材。人们应该在自己的领域中挑选一位顶级人物作为自己效法的对象。不是为了亦步亦趋地追随,而是为了激励自己做得更好。亚历山大曾在阿基里斯墓前痛哭流涕,不是为这位英雄已逝而哭[①],而是为了自己尚未能像阿基里斯一样闻名于世而泣。世上最令人雄心勃发的,莫过于他人的盛名在心中吹起的号声。它可以加剧一个人的妒忌,也可助长一个人的大志。

76. 不要总开玩笑

不要总开玩笑。智慧体现在严肃的事情中,且比耍小聪明更易获得人们的赞赏。总是准备调侃的人绝不会准备做严肃的事。爱开玩笑之

[①] 阿基里斯为荷马史诗《伊利亚特》中的英雄。据说亚历山大曾在阿基里斯墓前哭泣,因嫉妒其名垂千古。

人如同爱说谎之人一样——人们从不信任他们，总认为前者是在开玩笑，后者是在说谎。人们永远不知道那些爱开玩笑的人什么时候能运用其判断力说正经的话，这相当于是在说他没有判断力。无休止的玩笑很快便失去其应有的趣味。很多人以其诙谐风趣而闻名，却因此失去明判善断的赞誉。偶尔开开玩笑是可以的，但是大部分时间应该严肃起来。

77. 做人须八面玲珑

做人须八面玲珑。要做一个言行谨慎的普罗特斯①。与学者交往，应显示自己的学识；在圣人面前，要显得圣洁。这是博取他人支持的秘诀，因为获得众人的好感就能赢得普遍的支

---

① 是希腊神话中的海神，他能任意改变自己的外形。

持。留意人们的心情,调整自己,亲切或者严肃,视情况而定。效仿他们,并尽量巧妙地掩饰你的变化。如你有求他人,这一个技巧就不可缺少。但是,这一处世技巧对人的聪明程度要求很高,只有博闻强识、灵活智巧的人才能运用自如。

78. 做事有道

做事有道。蠢人仓促行事,因为愚蠢总是鲁莽。他们头脑简单,疏于防范,这也使他们在失败后不感到羞耻。但是,审慎之人做事则十分谨慎,小心探查前路是否有危险。小心谨慎可避免每次因鲁莽而陷入危险,尽管有时候时运可助人一臂之力。如果不知前路深浅,小心慢行才是。即便有所防范,明智之人依然小心谨慎，慎重前行。如今，人际交往中有许多不可预知的陷阱，走每一步都投石问路，是很有必要的。

79. 轻松快活的个性

轻松快活的个性。如果适度，快活的个性会是一项才能，而非缺点。些许快乐可以调剂一切。大人物有时也会娱乐，这让他们赢得人们的喜爱。但是，在这种情况下，他们应一直保持尊严，不失礼。有的人则用玩笑作为迅速脱离困境的方法——因为有些事应该一笑而过，尽管别人郑重其事。这是一种平易随和的表现，如同磁铁一般吸引众人。

80. 获取信息要谨慎

获取信息要谨慎。生活中,我们亲眼所见之事为少数,要知晓其余的事,都得依靠他人提供信息。但是,耳闻多为谎言,而非真相。通常情况下,真相常由眼见得知,很少依靠耳闻。真相绝少来得纯粹,尤其是那些来自远方的,其中往往融入传播者的情绪。这些情绪改变了真相的色彩,使之可喜或可恶。这种"真相"总是带着人们的倾向,所以,当它来自那些高声颂扬之人时,我们要多多留心。当它来自责备者之时,我们更要留心。注意说话者的意图,提前了解他的立场,要用深思来防范虚假和夸张。

81. 勇于推陈出新

勇于推陈出新。这是凤凰般的人物才有的特权。才能总会变旧,盛名转眼成空。习以为常磨损了钦佩,初来乍到的平庸之才常使老旧的能人暗淡无光。所以,你应该在勇气、才能、运气等所有方面进行更新。你要展示令人惊叹的新奇之处,如同太阳每天重新升起,同时,还要改变光芒的背景,这样,你的离去在昔日成功的舞台上引人怀念,而你的新才能在新的舞台上将迎来人们的喝彩。

82. 凡事无论好与坏,不要走极端

凡事无论好与坏,不要走极端。一位圣人①将所有的美德归结为中庸之道。极端正确则走

---

① 指希腊七贤之一的克莱俄布卢。

向错误。榨干橘子的汁液，橘子就会变得苦涩。享乐也不能过于极端。思虑过细使人迟钝，过度挤奶，得到的恐怕只能是血。

83. 容许自己有无伤大雅之过

容许自己有无伤大雅之过。有时，此类不经意的疏忽，反而显示了你最优秀的才智。嫉妒常常表现为对人的排斥，越是斯文有礼就越是恶毒。嫉妒把每个完美都当成错误，那是因为完美本身并没有错误，因为绝对完美，嫉妒心才对之谴责。嫉妒心就像神话中的百眼巨人阿格斯[1]，所有的眼睛都用来寻瑕摘疵，以安慰自己。指责如同闪电一般，专挑那些最高的东

---

[1] 希腊神话中的阿格斯，有一百只眼睛遍布全身，即便在睡着的时候，也有两只眼睛始终警惕地睁着。

西袭击。让荷马[①]也偶有败笔吧,甚至还可让他貌似缺乏勇气或智慧,但不要缺乏谨慎,以使他人的恶意消除,或者至少阻止恶意的毒液蔓延。这样,你便可像斗牛士一样,把披风留给嫉妒的牛角去顶撞,而你不朽的名声则得以保全。

84. 善用对手

善用对手。处事如同操刀——抓刀刃会伤手,抓刀柄则可防身。对付敌人更需奉行这一原则。明智之人在对手身上发现的用处比蠢人在朋友身上发现的用处还要多。恶意常常可以激励我们克服本来不愿面对的重重困难,大多

---

① 希腊史诗《伊利亚特》和《奥德赛》的作者。贺拉斯在《诗艺》中说:"高明如荷马有时也瞌睡",是指荷马这样的大诗人也有败笔之疏。

数人成就其伟业,都应归功于自己的对手。比憎恶更危险的是谄媚,别人的谄媚掩盖了你的缺点,而别人的憎恶则促使你消除瑕疵。智者把别人的恶意视为一面比善意更真实的镜子,以减少或改正有关缺陷。每个人与对手或敌人比邻而居时,都会变得十分小心。

85. 不做无所不知之人

不做无所不知之人。好的东西因其经常被派上用场而总会被滥用,这是它的苦衷。当所有人都妄图得到它时,这些人也就容易对它产生愤怒。百无用处不是好事,对每人都有用也非善事。走到这一步的人是因为得到而最终失去。人们原本是求他,最后终于讨厌他。这些无所不知者将磨损掉所有优秀特质,失去最初少数人的敬重,沦为平庸。治疗这种极端状况的灵丹妙药就是把握好散发光芒的尺度。如果你愿意，完全可以在你的优异之处追求完美，但在展现之时要适可而止。火把燃烧得越旺，消耗便越多，也就更难持久。炫耀得越少，所得敬重则越多。

86. 预防流言蜚语

预防流言蜚语。乌合之众是多头怪兽。他们长着多双伺机制造恶意的眼睛，一个滥施诽谤的舌头。一旦有一桩丑闻被传播，你清白的名声就会被玷污。如果流言再给你一个诨名绰号，你的声誉便危机四伏。一般而言，流言蜚语源于你身上的某些突出弱点或可笑缺陷。有时，这是个别嫉妒我们的人故意捏造出来的，以引发众人的猜忌。要毁掉他人的声誉，出自卑劣口舌的嘲讽比直接的控诉还要容易。恶名易得，因邪恶容易让人相信却难以消除。因此明智之人应避免这类灾祸，保持警惕防止那些卑劣的流言。预防可比纠正容易得多。

87. 文明和高雅

文明和高雅。人类生来野蛮，文化使人类高于动物。因此，是文化造就了人；人越文明，便越伟大。正因如此，古希腊人将世界上的其他人称为野蛮之人。无知就是未开化——最能教化人类的莫如知识。但是，若不高雅，即便有知识，也显得粗鄙。我们的才智，我们的欲求，特别是言谈，都要显得高雅才行。有些人天生就秀外慧中，他们的思想、言谈、衣着（如同灵魂的果皮）和才干（如同灵魂的果实）都显得高雅；相反，有的人粗俗不堪，极度缺乏教养，令人无法忍受，这使得他们的一切(甚至包括最优秀的品质)都失去了光芒。

88. 举止高贵大方

举止高贵大方。大人物从不拘于小节。谈话时他不刺探各个细节,特别是谈论不太愉快的话题时。知道事物全貌很重要,但不必知道所有细节。当事情令人不快,你要表现得如绅士般宽容大度,展现出豪侠气概。忽略一些东西是管理工作的一大要点。亲朋好友,尤其是你的对手身上的很多事情,你都要学会视而不见。多余的东西让人厌烦,尤其是在事情本身就让人厌烦的时候。对不快之事始终耿耿于怀,是一种偏执狂。一般而言,人们都是根据本心与看法来做事的。

89. 了解自己

了解自己。要了解自己的天赋、才智、判断和倾向。不了解自己的人无法掌控自己。世上有可以照脸的镜子,却没有照出心灵的镜子。那么,就用认真的自省来代替吧!当你忽略外部形象时,就会不断提升、完善内在形象。学会估量你的才智与做事能力,检验自己的勇气,以便加以运用。稳固你的根基,保持头脑清醒,以应对一切事情。

90. 长寿的秘密

长寿的秘密。要好好生活。有两样东西能提早结束生命:愚蠢和堕落。有的人丧生是因为不懂如何保命。有的人是因为不想求生而死亡。正如美德是人自身的奖赏一样,邪恶也是其自身的惩罚。行为放荡之人,生命将加倍的短暂;而行善之人则得以永生。精神的强健传递给肉体,美好的生命不但充实有意义,而且还将得以延长。

91. 对做某事审慎与否有疑虑,就别着手去做

对做某事审慎与否有疑虑,就别着手去做。行事之人只担心失败,旁观者却已确认失败,尤其当旁观者为你的对手时。如果你的判断在当初冲动的情绪中已摇摆不定,那么待稍后冷静思考后,你会责备自己,那样做无比愚蠢。如果你对行事是否慎重还有所怀疑时就开始行动,那将是十分危险的,最好把它放到一边去。明智之人不会依赖"可能",他们始终在高度

的理智控制下前进。当一件事在萌芽之时就遭到了判断力的质疑,那么,它怎么能成功呢?经内心法庭一致通过的决议还常常没有好结局,我们又怎么能指望怀有疑惑的理智和摇摆不定的判断所办的事情呢?

92. 要有超凡的智慧

要有超凡的智慧。在任何事情上都要如此。一盎司的智慧比一磅的小聪明更有价值,这是言行举止的首要的、最高的准则。职位越高,职责就越多,就越应遵循这一准则。这是唯一稳妥的办法,尽管它未必能够赢得很多掌声。因智慧扬名天下是最大的成名。但是,如果能让智者满意,就已足够,他们的判断便是你真正成功的试金石。

93. 多才多艺

多才多艺。拥有很多优异才能的一个人，抵得上许多人。他把生活的乐趣传递给朋友圈里的人，从而丰富别人的生活。众多优异才能给生活增添了快乐。从一切美好的事物中受益是一门伟大的艺术。既然自然让人类浓缩了它的精华，发展至最高层次，那么就让艺术培养人的品位、训练人的才智，在他们身上创造出真正丰富多彩的微观宇宙吧。

94. 让你的才能高深莫测

让你的才能高深莫测。如果明智之人想赢得人们的尊敬，就不让人彻底了解他的学识和能力。他让你知道他，可是不让你了解他。智者一定不让任何人知道他才华的极限，以免别人对他失望。他绝不会让人有机会彻底探知他的根底。无论他的才能有多大，人们觉得他的能力高深莫测，也比知道他的根底产生更多的崇拜。

95. 让人们保持对你的期望

让人们保持对你的期望。要不断激发它，让人们对你的期望越来越多，让他们因你的辉煌业绩而盼望你有更辉煌的业绩。不要把你的运气孤注一掷，要节制你的力量，以保持别人对你的期望不消退——这需要高超技巧。

96. 至高无上的辨别力

至高无上的辨别力。它是理智的宝座,是审慎的基石。有了它,你只需付出少许便能获得成功。它是上帝赐予人类的礼物,应该当作人生居于首位的、最优秀的素质而来求取,它是我们的甲胄之要件。它如此重要,没有它,我们就是有缺陷的人——而别的素质不过是多点少点的问题。生活中的一切行为都有赖于它作决定,都需要它的帮助。因为无论做什么事都需要智力。辨别力天生便倾向于最理性的路线,且融合了对最确切事物的喜爱。

97. 赢得并维护美名

赢得并维护美名。我们对荣誉,只有使用权,而无所有权。美名来之不易,它只青睐非凡之人，而这种人是十分罕见的，庸人则俯拾皆是。美名一旦拥有，便容易保持。获得好名声要承担许多义务，但也给你更多恩惠。如果美名出自显赫的权力或高尚的行为，则自有其威严，令人崇拜。美名只有根基深固，才能永恒。

98. 掩饰你的意图

掩饰你的意图。激情是灵魂之门。最实用的知识在于掩饰它们。亮牌的人有输牌的风险。你应该保持警惕，当他人想窥探你的内心时，用墨鱼喷墨的策略去战胜他的好奇心。你甚至不能让人知道到你的喜好，以免别人利用你的喜好，与之作对，或者对它献媚。

99. 本质与表象

本质与表象。人们评判一件事物,是根据它看上去如何,而非它实际如何。很少人能透过现象看本质,大部分人只停留于表面。本身正确是不够的——如果这种正确看上去既错误又邪恶。

100. 做一个清醒的人,智慧的信徒,贤能的臣子

做一个清醒的人,智慧的信徒,贤能的臣子。要完全做到这些,而不是看上去做到了,更不要装作做到了。现在,哲学已经不被人尊崇,但它仍然是智者关注的对象。思考的艺术

已失去往日的名声。塞涅卡①将之引入罗马,在宫廷曾十分风行,但现在却不被人接受。识破欺骗一直被看作虑事周全之头脑的真正养料,也是品德高尚之灵魂的真正乐事。

101. 世上的一半人嘲笑另一半人,其实他们都是蠢人

世上的一半人嘲笑另一半人,其实他们都是蠢人。任何事都有可能是好事或坏事,关键在于表决的人。同样的东西有人追求也有人厌恶。想要按照自己的观点去左右事情的人,愚蠢得令人难以忍受。某人某物是否优异不取决于一人的好恶。世上有这么多的人,这么多的口味,各不相同。任何缺点都有人喜欢。如无

---

① 见箴言第36条注②。

法取悦于人,你不必沮丧——自会有别人欣赏。我们也不应被别人的赞赏冲昏头脑,因为会有其他人对此谴责。真正的赞扬是声名显赫之人的认同,是该领域中专家的认可。你应该保持独立,无论是面对任何一种观点、任何一种时尚、任何一个世纪。

102. 天降大福需有大心胸消受

天降大福需有大心胸消受。对智者而言,大胃口并非微不足道——有雄才之人,组成其才能的部分必然很大。对于能消化更大运气的人来说,大的运气不会让他们感到难过。吃下同样的东西,有的人感到过饱,有的人还觉得饥饿。许多人的困扰似乎在于消化不良——其实是因为他们的容量不够大。他们天生不适合身居高位,即便后天训练,也无能为力。他们行为无常，由虚名而生的心神不宁让他们眩晕，于是他们在高位上忐忑不安——他们不适合高位，因为在他们身上运气找不到合适的位置。所以，有才能的人应表现得他可以胜任更大的事业，千万别流露出任何胸无大志的迹象。

103. 让每个人都保有尊严

让每个人都保有尊严。虽然不是每个人都能当国王，但是，要让每个人的行为都向国王看齐，让他们的举止在所及范围内，适当高贵。行为端庄，思想高尚，在任何情况下都具有王者风范——虽无国王的权力，却有国王的品质。真正的王者风范在于绝对的正直，他不必嫉妒其他伟人，因其自身就是伟人的楷模。特别是那些在国王身边的人，更应该追求真正的高贵，还要习染真正的王者品质,而非空有排场——不是沾染缺点,而是习得真正的王者尊严。

104. 明确不同工作的要求

明确不同工作的要求。不同工作要求的素质不一样。这需要你有足够的注意力和敏锐的洞察力,才能知道某个工作需要什么素质。有些工作要求人有勇气,有的工作则要求人机智。那些只要求人诚实正直的职业是最容易做的;那些需要人机智有才干的职业是最难做的——因为前者只需有好人品,后者即便用上你所有的关注和热情也许还不够。管人不易,尤其是管理愚蠢和疯狂的人,就更加不易——管理那些一无是处的人,你要有双倍的见识。一项工作如让人一心一意投入,时间、程序都固定,是很难让人接受的。好一点的工作应该是能让人按照自己的想法去做,既重要又不单调——变化能让人清醒。最受尊重的工作是不依赖别人的或是独立性很强的。最糟糕的工作是那些在现在和未来都让我们十分忧虑的工作。

105. 勿招人烦

勿招人烦。若你只重复一个话题,纠缠在某件事上,就容易让人厌烦。话语简洁令人愉悦,且更容易成事。简洁虽显得有点草率,但却让人感到亲切。好事简洁,则好上加好。抓住事物的本质,比混杂一堆细节更有效。健谈之人处理事物常常缺才少智,这为人所共知。有些人不能增添光彩,却爱做绊脚石,挡在每个人的路上。明智之人应避免招人讨厌,尤其是别让大人物厌烦——大人物日理万机,打扰这种人比打扰其他人更糟糕。说话高明即说话简洁。

106. 勿炫耀你的地位

勿炫耀你的地位。吹嘘自己尊贵比吹嘘自己有魅力更令人讨厌。动不动就摆出大人物的姿态让人讨厌——肯定会遭到许多妒忌。你越想获得他人的尊敬,就越得不到,因为值不值得尊敬取决于别人的看法。你不能白白得到它,你只能从别人那里赢得它。重要的职位要求你有足够的威信——若没有威信,你就不能尽职。所以,你要保持足够的尊严,以履行你的职责。要试图让别人尊敬你,而不是强迫别人尊敬你。有些人一味强调自己职位的尊严,反而显得他们不配——这个职位对他们来说过高了。如果你想被尊重,就让别人尊重你的才能,而非任何偶然所得。即便是国王,也愿意以其资质而非地位赢得荣耀。

107. 勿自鸣得意

勿自鸣得意。你不能总是不满意自己,这是怯懦的表现;也不要骄傲自大,那是愚蠢的表现。自满大多源自无知,如果它不损害名声的话,它能让人有一种傻瓜一样的快乐感(并非一无是处)。有的人因为达不到别人的完美,所以一味苟安于自己的平庸。有怀疑是明智的,甚至是有用的,无论是为了躲避祸患,还是为了在祸患来时得到慰藉——因为祸患不会让已经提防它的人感到惊讶。荷马[①]偶尔也打盹,亚

---

① 见箴言第83条注②。

历山大①也是从高位上跌落后才清醒过来。世事有赖形势。在某种情况下，环境可助人取得胜利，而在另一种条件下，却可能使人遭受失败。在所有不可救药的愚蠢当中，总有凭空而来的自满在生长、开花、结果。

108. 与人同行是成为伟人的捷径

与人同行是成为伟人的捷径。交流大有好处：人们可以分享彼此的风格与品位，在不知不觉间，我们的判断力甚至才干都有所增长。让毛躁之人与优柔寡断之人交往，同样，其他气质之人亦应如此。这样，无须苦心费力便能

---

① 亚历山大大帝（前356—前323）：古马其顿国王，著名的征服者。20岁即位，先巩固了在希腊的霸权，后大举东征，在西起巴尔干半岛与尼罗河、东至印度河的广袤领域建立帝国。公元前326—前323年东征中多处负伤，最后病死，随即帝国迅速瓦解。

实现中庸。与人调和是一大艺术。相生相反，世界因之美丽，并不停地运转——这种对立既可让物质世界和谐，更能让精神世界融洽。以此原则选择朋友或雇佣仆人，可通融两个极端，找到更有效的中庸之道。

109. 不要吹毛求疵

不要吹毛求疵。有人天性阴郁，认为所有的事情都有问题。这并非他们动机不纯，是其天性使然。他们对谁都加以责备——有时是责其所为，有时是责其即将所为。这是一种比残忍更令人厌恶的天性，真是让人厌烦。他们的指责十分过分，总是鸡蛋里挑骨头，让人无法忍受。他们常把天堂变成地狱——狂怒之时，他们事事走极端。而天性高贵的人则相反，他们总是宽容别人的过失,坚信别人都是出自善意,或者只是一时不慎才做错了事。

110. 不要坐以待毙

不要坐以待毙。在被抛弃之前,自己先舍弃,这是智者的格言。你应以胜利收场,要像太阳那样,在最耀眼之时隐身于云朵之后,以免让人看到落日西沉,且猜测:它是落了还是未落?一旦有可能发生不幸,就应明智地退出,以免当灾祸降临才被迫后退。不要等到人们对你冷眼相待并把你送入坟墓——那时你就没了尊严,只剩感慨。聪明的驯马师懂得何时把马放回牧场,以免马跑到中途颓然倒毙,被人耻笑。美人应及早砸碎镜子,而不要等到人老珠黄。

111. 赢得朋友

赢得朋友。朋友是第二个自己。朋友对朋友都善良而明智：在朋友之间，所有的事情都顺遂如意。一个人如何，要看别人想让他如何。如果别人想要你好，你就要赢得他们的心，这样他们才会夸奖你。知恩图报最具魔力——赢得别人好感之上策，是采取友好的行动。我们所拥有最多的、最好的都是有赖于别人的。我们不是与朋友为伍，就是与敌人为伴。因此，你应该每天都结交一些希望你好的人——即便不是朋友；经过考验之后，他们之中的某些人会成为你的心腹密友。

112. 博取他人的好感

博取他人的好感。即便是高高在上的造物主,在预想和推进最伟大的事情上,也如此行事。获得别人的好感,就能获得别人的好评。有些人对自己的能力过分自信,就此忽略了魅力的作用。智者对此十分清楚,如果没有别人的帮助,跋涉之路将尤为漫长。人们的好感可以推进甚至提供一切:可以认为你有天分,甚至提供资质,比如勇气、真诚、知识,甚至审慎。它不会看到你有何缺点,因为它不去搜寻你的缺点。好感通常来自共性,要么是实质性的,如性格、种族、家庭、国家或职业;要么是非实质性的,如能力、职责、名声或品德。保持别人的好感很容易,但是赢得他人好感很难。但是,你必须寻求它,并在找到之后懂得怎样加以利用。

113. 未雨绸缪

未雨绸缪。在夏天筹集过冬用品是很明智的选择,而且,这容易做到。红运当头时,很容易得到他人的帮助,这时朋友也多。为更多不走运的日子做准备总是没错的——当人霉星罩顶时,一切帮助都将变得昂贵,并且没人帮你。拥有一些朋友,拥有一些对你心存感激的人,不要等到他们身价渐涨的那一天。品德低下的人没有朋友——他们走运时,不认别人为朋友;倒霉时,别人也不认他们。

114. 避免与人相争

避免与人相争。任何相争都会损害名誉。对手会伺机遮盖我们的光芒,以达到比我们更耀眼的目的。几乎没有人能打一场光彩的战争。

在你谦恭之时,你的缺点与过失也许会被掩盖。在敌对之时,则会被揭露。许多人在树敌之前都有很好的名声,但是争斗让逝去的谣言再度复活,让早被掩埋的丑闻曝光。竞争从贬损开始,什么手段都能使得出。当谩骂无法奏效(许多情况都是这样),对方就以此报复,至少也要扫去陈年落灰,将我们所有不光彩的事情全都抖搂出来。亲善之人往往平和,拥有名誉和尊严的人也往往是亲善之人。

115. 习惯熟人的缺点

习惯熟人的缺点。正如你习惯一张丑陋的面孔。如果他们依赖你,或者你有求于他们,那么这样做就很有必要。有些人可恶,相处很难,但我们又不能不与之相处。因此,聪明的人干脆习惯他,正如见惯了丑陋的面孔一样,这样就不必强迫自己在迫不得已的情况下突然这样做。熟人的缺点,在开始的时候会令人反感,但是慢慢地,就不会那么令人讨厌——对于讨厌之人,有头脑之人要么防备,要么迁就。

116. 只和可敬之人交往

只和可敬之人交往。你能信任他们,他们也会信任你。他们的名声是其行为的最好保证,哪怕是有误会,也不会例外,因为他们总是言如其心、行如其人。所以,宁可与高尚之人争高下,也别与卑鄙之人争输赢。和堕落之人打交道很难,因为他们没有东西可做正直的抵押——和他们不可能建立真正的友情,和他们签订的协议也没有约束力(无论这种协议看上去多么严格),因为他们没有荣誉感。不要和没有荣誉感的人产生任何关系——荣誉无法约束他们,因此也不能要求他们有德行,因为荣誉是人格的宝座。

117. 决不谈论自己

决不谈论自己。当你谈论自己时,要么是为了虚荣而夸奖自己,要么是因为自卑而责怪自己。这样对言者来说不适合;对听者来说,也不会感到愉悦。这点在日常谈话中需避免,在正式文件中更需避免,在公共演讲中则最需避免——这种时候,哪怕出现一点点愚蠢都是不明智的。当面谈论某人也很不得体,因为这样很可能让你陷入两个极端:被人认为是在谄媚,或是责难。

118. 要赢得谦恭有礼的名声

要赢得谦恭有礼的名声。这样你就足以招人喜欢。礼仪是文化的主要组成部分,就像是一种巫术——有"礼"走遍天下,无"礼"寸步难行。一人不懂礼貌,如因骄傲自大则可恶;如因缺乏教养则可鄙。礼多人不怪,只要对不同的人区别对待就行(否则就是不公)。对手之间如果也能以礼相待,则说明你这个人英勇无畏。以礼相待无须付出太多,却受益多多:敬人者人恒敬之。礼貌和恭敬的好处就在于:既能有惠于人,却又于己无碍。

119. 避免惹人厌烦

避免惹人厌烦。无论何时招人烦都不对——别人的厌烦常常不请自来。许多人总是毫无道理地憎恶别人。我们来不及取悦他们，因为他们的憎恶总会提前而至。他们生性恶劣，宁可损人还不利己。有些人想方设法与人交恶，因为他们总在制造不悦，或本身就心情不悦。他们一旦有了憎恶之心，就不易消除，正如恶名难除一样。明智之人被人敬畏，恶毒之人遭人憎恨，傲慢之人被人鄙视，滑稽之人被人轻视，古怪之人遭人排斥。因此，想要受人重视，就得先重视他人；想获得敬重，就先敬重别人。

120. 生活讲求实际

生活讲求实际。知识也要与时俱进。在某些领域你显得落伍，也要明智地装作一无所知。思想和品位随时日而改变。不要让自己的思维方式落伍，要让自己的品位跟上潮流。在任何领域，品位都是由大多数人主导；你必须暂时追随着它，好将它引入更高层次。不管是思想的外衣还是身体的包装，都要与时代相适应，哪怕过去的似乎更好。但对于"善"字，这一规则并不适合，因为在任何时代，人们都需要它。现在，善良已被忽视，好像已经过时。说真话、重承诺，似乎属于美好的过去，其实它们仍然受人欢迎。不过，当今世上即便仍有这种美德、这种好人存在，也不再时髦，没人会效仿。美德罕见、邪恶当道，我们处于一个多么可悲的时代啊！如果你还算明智，就算不能按意愿生活，也要按才能生活。与其挂念命运拒绝赐予的东西，不如珍惜命运已经赐予的一切。

121. 不要小题大做

不要小题大做。有的人对任何事都喜欢搬弄是非,而有的则对任何事都喜欢大题小做。他们总是开口必言所谓大事,时时煞有介事,事事争议不休或弄得神秘莫测。如果可以避免,对麻烦的事情千万不要太过认真。把应抛掷脑后的事放在心上就十分愚蠢。许多事情看似重大,其实顺其自然就会变得无足轻重。区区小事如果小题大做,后果就会很严重。问题刚出现容易摆脱,若拖拉就难说了。药物本身往往会引起疾病。顺其自然是人生一大要则。

122. 言行应有威信

言行应有威信。如果做到这点则可在许多地方获得一定的地位,且能提前赢得人们的敬重。言谈、神色，甚至步伐，处处都显示出威信的力量。征服人心是伟大的胜利。它并非来自任何愚蠢的自以为是或者夸夸其谈，而是来自恰当的威严——只有才智过人、品德高尚之人才拥有这种气质。

123. 避免矫揉造作

避免矫揉造作。越是才华横溢之人，越不会矫揉造作，任何东西只要矫饰，就会变得庸俗。它不但让别人厌烦，亦使自己烦恼。他们因处处小心而受尽折磨，沦为谨小慎微的牺牲品。若装腔作势，就算高才也会大打折扣，因为那样会让他们显得傲慢做作而不自然，自然的东西总比不自然的东西更让人心生愉悦。在世人看来，刻意显示美德的人其实根本没有美德。你越是在某件事上努力，越应隐藏自己付出的东西，这样才能很自然地显出你是天性使然。当然，你也不要为了避免矫饰而装作不矫饰，那样反而显得造作。明智之人从不表现出知道自己的长处——只有你不注意自己的优点，别人才会注意到你的优点。除自己之外，别人都认为完美的人倍加伟大——通过两条相反的途径，他赢得了世人的赞誉。

124. 要被他人想念

要被他人想念。赢得众人欢心的人十分罕见。若能赢得智者的青睐，便是三生有幸。人走茶凉是普遍规律，但要获得善意的回报，也不是没有办法。最稳妥的方法就是：在工作中、在才能上出类拔萃，若还是和蔼可亲之人，那样人们会说是工作需要你，而非你需要那份工作。有的人能给自己的工作带来荣耀，还有的人凭借自己的工作而为自身带来荣耀。如果你的继任者不能胜任工作而显得你工作不错,这绝不是什么荣耀。因为这并不代表人们怀念前任,仅说明他们希望继任滚蛋。

125. 不要成为污点记录簿

不要成为污点记录簿。关注别人的恶名,说明自己没有好名声。有些人惯于用别人的污点来掩盖自己的污点,以开脱自己,或者求得安慰——这只是愚蠢之人的自我安慰罢了。这种人构成了整个城镇谣言的暗沟,他们呼出的气味臭不可闻。一个人越是挖这种污垢,便越是溅得满身臭泥。人无完人。除非你默默无闻,缺点才会鲜为人知。当心成为别人污点的记录员——那种人令人讨厌,没有头脑。

126. 愚蠢并非做了蠢事,而在于做后不知掩饰

愚蠢并非做了蠢事,而在于做后不知掩饰。不要暴露你的欲望,要隐藏你的缺点。人人都难免犯错,区别在于智者试图隐藏自己的错误,愚人却会肆意张扬他们的错误。与其说名声取决于人做出的成绩,不如说取决于人所隐藏的过错。假如你不能保证自己一尘不染,就一定要审慎而行。大人物的过错,如日食月食,每个人都能看见。不要将自己的过失全部透露给朋友,如果可以的话,也要向自己隐瞒。另一处世法宝也同样有用:学会忘记。

127. 凡事从容优雅

凡事从容优雅。这种优雅是才智的生命,言辞的活力,行为的灵魂,光彩的精华。完美之物为自然增光添彩,而优雅将完美本身装点得更加灿烂夺目。优雅甚至还可以体现在思想中。它主要是出自先天而非后天培养——后天的训练甚至根本没有作用。它不只是悠闲,它自由轻松,战胜困难,对人之完美能起画龙点睛之作用。如果不优雅,美会失其生气,雅会变得俗气。优雅胜过勇敢、明断、谨慎,甚至威严。它既可以帮你迅速成功,也可使你轻易摆脱困境。

128. 要有高远的志向

要有高远的志向。这是成为高贵人士的必备要素之一。它能激励人们追求各种崇高的目标,它提升品位,净化心灵,振奋精神,陶冶情操,让人更受尊敬。远大的志向可以滋养拥有它的人,有时甚至能挽救厄运——命运只会通过打击人来培养人。即便不能付诸行动,雄心壮志也能在人的意志上得以体现,豪爽、慷慨及其他英雄品质皆出于此。

129. 从不抱怨

从不抱怨。抱怨往往会损害名誉。最好做一个依靠自己、反对抱怨的模范,而非被同情的对象。抱怨可使聆听抱怨之人效仿我们所怨之人;抱怨一次被欺侮就将为别人下一次欺侮我们提供借口。本想得到他人的帮助或建议，却只得到漠视和轻蔑。称赞某人给你的恩惠则更加高明——听的人就会觉得有必要效仿那个人。诉说不在场的人给我们的恩惠，就等于在要求听者给我们同样的恩惠。这样，后者就会接着前者给我们恩惠。所以，明智之人是从来不会宣扬自己的失败或者缺点的，他们只是宣扬别人对他的照顾，以维持友谊，遏制敌意。

130. 要干，且要让人看见

要干，且要让人看见。评判事物，人们往往不是根据它的本质，而是根据它的表象。不仅要能干，也要懂得如何表现自己，这样才能事半功倍。人们没看见的东西就会当它从来不存在。甚至于如果正确的事看起来不正确，也得不到正确的评价。相比那些被表面现象欺骗的人,能够洞察事物本质的人少之又少。当欺诈盛行于世,人们多从外表来判断事物,许多事物也并非它所表现出来的那样。不过,话又说回来,外表完美确是其内在完美的最好推荐书。

131. 慷慨大度

慷慨大度。这是一种非凡的灵魂,是一种崇高的精神。它能够催生侠义的行为,为人的整个个性增添一种优美的气质。这种气质并不常见,因为它要求人有极其宽大的胸怀。它首先表现在对敌人不吝赞美之词,甚至在行动上对敌人更好。这种人当有机会报复时,最为光彩夺目——他不仅放弃了复仇,还善加利用,在大获全胜后表现出出人意料的宽宏大量。这便是高超的权谋之术——不,这是驭人之术的极致。他不以胜者自居,因为他从不装模作样,他成功却不居功。

132. 修正你的判断

修正你的判断。反复思量,行事才比较可靠。尤其是在行动线路还不明确之时,你更要花时间核准或修正你的决定。这能为你加固和确证自己的判断提供新的根据。如果是送给别人礼物,考虑周全要比迅速送出更让人珍视:获得梦寐以求之物,就是最高奖赏。如果不得不拒绝某事,就要费时决定在何时以何种方式让"不"更合乎情理,以免伤人。毕竟,最初的热望消逝之后,热血也不再沸腾,这时再遭到拒绝,所产生的反感就不会那么强烈。尤其是在别人急着要求你答复的时候,最好拖延一下——这通常是分散他人注意力的假动作。

133. 宁可同醉,而不独醒

宁可同醉,而不独醒。政治家如是说。如果众人都疯狂,你也不会比其他人更严重。独自清醒在人看来,反而是愚蠢的。随大流是十分重要的。大智若愚。我们必须与世人共存,而大部分人是十分愚蠢的。"想离群索居,你要么如神,要么似兽。"但是,我要修改这条格言,并宣称:宁可一起明智,也不独自愚蠢。有些人特立独行,只是在追逐空幻之物。

134. 加倍储存你的资源

加倍储存你的资源。如此这般,你的生活将丰富一倍。不要寄希望于一种事物或者一处资源,无论它多么珍贵。每种东西都应该加倍储藏，尤其是成功、恩赐、自尊之源泉。月有阴晴圆缺，世事变化无常，依靠我们薄弱意志生存的事物更是如此。所以，智者应小心防范这种无常，加倍储存好的有用的资源，这是生活的首要法则。正如大自然都让我们最重要和最易暴露于危险之中的四肢成双成对一样，我们也要用人的智慧来经营自己赖以成功的资源。

135. 不要滋长唱反调的习气

不要滋长唱反调的习气。总是反驳别人只能证明你愚蠢或乖僻。你应小心避免这种行为。凡事你都表示异议，也许能证明你聪明，但是这种争论总会使你被视为傻瓜。这类人能把最愉快的闲聊变成一场战争，且以这种方式与亲朋好友为敌，甚至比对待陌生人更过分。

美食中的沙子尤其硌牙，娱乐中的驳斥也非常败兴。将野蛮与温顺相搭配，真是既愚蠢又残忍。

136. 抓住事情关键

抓住事情关键。这样你才能触摸了整个事件的脉搏。许多人会陷入对细枝末节的无用的讨论中，或者迷失在讨厌的啰啰唆唆的灌木丛中，却没有认清手头真正要做的是什么。他们反复地检查一个细节甚至超过一百次，让自己和他人都感到十分厌倦，却还是根本没抓住事情的关键。这是因为他们思绪混乱而理不清头绪。他们把时间和耐心都浪费在他们不该管的事情上，结果却没有工夫处理那些真正重要的事。

137. 圣人自足

圣人自足。曾有一圣人[①]，其随身所负即为其所有。如果一位博古通今的朋友[②]能够代表罗马和其他世界，那么，就让人成为他自己的这种朋友，那样，他就能独自生存。假如其他人的聪明、品位尚不及你，你还需要谁呢？依靠自己就足够——这是最大的快乐，像上帝一样自在。能够独自生存的人绝不是野蛮人，反而像一位圣人，更像一位神仙。

[①] 指古希腊麦格拉的哲学家斯提朋，他在一场火灾中失去了妻儿和全部财产。他从废墟中站起来说："我的财富还在身上。"

[②] 指古罗马军事家、执政官老加图（前234—前149）。

138. 任其自然的艺术

任其自然的艺术。风浪越大,你越应顺其自然,公事与私事都要如此。生活中时常会有飓风,情感中常有暴雨,这时,明智的做法是退入一个安全的港湾,静待风浪消退。治疗常让疾病恶化,在这种情况下,你要顺应自然和天道。聪明的医生懂得什么时候不开药,有时,不治疗反而更见功夫。想要止住愚昧大众的吼声,最好的方法就是袖手旁观,待其平息。现在的让步,是为了不久后的征服。井水一搅就浑,不会因为我们折腾它而澄清,如不去动它,它自然会清。对付混乱的最好方法就是任其自然,这样它们自会平息。

139. 冷静面对倒霉的日子

冷静面对倒霉的日子。运气不好的时候总是有的,这时,凡事都不会顺利;即便换件事做,运气也不会好。看你今日运气如何,试两次就够了。一切都在变化,心智亦然,没有人能始终明智,甚至写出一封好信也需有好运。只有在某个时刻,完美才会出现,美丽也非时刻存在。有时聪明也会失算——不是算得太多,就是算得太少。如果想要有好结果,就必须选择恰当的时机。这就是为什么有的人万事不顺,有的人事事皆顺且不费吹灰之力的原因。他们发现万事俱备,思维敏捷,精神抖擞,吉星高挂。要善用这样的日子,片刻都不要虚掷。智者不会从一件事的顺利与否来判断这一天是否顺利,因为这事可能只是侥幸比较顺利,也可能是稍稍不顺而已。

140. 一眼看到事物好的一面

一眼看到事物好的一面。这是品位高雅之人的长处。蜜蜂为蜂巢采集花蜜,毒蛇为造毒寻找苦味。品位也是这样——有人追求好的,有人追求劣的。万物自有其用处,作为精神食粮的书籍更是如此。但是,许多人看不到事物的一千个优点,却偏偏抓住一个缺点不放,且把它挑出来横加指责,就像专捡他人心灵垃圾的人。他们喜欢记录别人的各种缺点,这只会降低他们的品位,而不是给他们的智慧增光。他们生活痛苦,因为以苦味养生,靠垃圾增肥。那些快乐的人,有些就有很好的品位,在一千个缺憾中,他们也能发现偶遇的一丝美丽。

141. 不要只倾听自己的声音

不要只倾听自己的声音。如果你不能愉悦他人,愉悦自己也无用处。人若自满,必受惩罚,也即遭人蔑视。把注意力放在自己身上,还不如放在别人身上。说话的时候只听自己的声音,不会有好的结果。如果说自言自语是疯狂,那么,在别人面前只听自己说则是双倍的愚蠢。有的大人物在讲话时反复说"正如我刚才所说"或者问"是不是",这是一个缺点,会让听众迷惑。每说一句话都在期待他人的赞同和恭维,这让智者的耐心不堪重荷。浮华虚夸之人也是如此,他们说话也需借用高跷才能蹒跚而行。因此,他们每说一个字,都要那些愚蠢的"好啊"来支持。

142. 当对手先站在正确的一方时，你不能固执地站在错误的一方

当对手先站在正确的一方时，你不能固执地站在错误的一方。否则，你会不战而败，含辱而退。武器不好就不能取胜。对手抢先夺取较为有利的一方，是他的狡猾；若你跟着固守在最糟糕的一方，就很愚蠢了。行动上表现出的倔强比言语上表现出的执拗更危险，因为行动比言语冒更多风险。倔强的人好反驳而失理，好争吵而无益，这是他们常犯的错误。明智之人从不冲动，他们信奉正途，不管是自己早就发现，抑或是后来才加以修正。如你的对手是个蠢蛋，在此情况下，他就会转身踏上相反的错误道路。那么，要把敌人赶出好路，你只需自己占领就行——敌人的愚蠢会让他抛弃正确的路线，令其因倔强而招致惩罚。

143. 别为免俗而玩弄诡辩之术

别为免俗而玩弄诡辩之术。落俗和诡辩这两个极端都有损我们的名誉。任何不合理之事都近乎愚蠢。诡辩即欺骗：它先因新奇刺激而赢得掌声，之后当欺骗被预知，当其虚妄无实显而易见，就会名誉扫地。诡辩是一种花招，用在政治上可以毁灭国家。不能或者不敢以德成就伟业之人转而走向诡辩的歧途，让愚人惊羡，却让智者警觉。诡辩表明判断错乱。它要不是完全建立在虚假之上，就肯定存在于不确定之中，使人生之要事面临危险。

144. 开始于他人，受用于自己

开始于他人，受用于自己。这是一个可使你得偿所愿的计策。即使是非世俗之事，基督

教的牧师也强调这条神圣的诡计。这种掩饰重要至极，因为可以把显而易见的好处当作诱饵去控制他人意志。看起来他的事已准备就绪，实际上是为你自己的事开路。如果没有掩护，决不能前进，尤其是在危险地带。与此类似，和那些一开始总是说"不"的人交往，避免受挫的方法就是巧妙地提出你的想法，让他不觉得同意有何难处。此建议也属于有关三思而行的准则，它涵盖了最精妙的人生处世技巧。

145. 藏好你受伤的手指

藏好你受伤的手指。以免它到处碰伤；也不要抱怨它，恶人总是瞄准你易伤的弱处。恼怒没有任何作用——成为他人的话柄只会让你更加愤怒。他人的恶意总是在寻找你的痛处，刺激它，放飞镖试探你的脾气，想方设法刺痛你伤口的嫩肉。聪明人从不说自己受了打击，也不说任何个人或家族的不幸。有时，命运也喜欢伤害我们身上的软肋，它总是挤压我们皮开肉绽之处。因此，那些让我们痛苦或快乐的东西，你都应深藏不露——如果你喜欢前者再也不出现，后者持续下去。

146. 透过现象看本质

透过现象看本质。事物的本质往往与其表象有所不同，无知者见到的只是外壳而已。你让他看到内核，他才会醒悟。谎言总是捷足先登，傻瓜总被牵着鼻子走，因其愚蠢得不可救药。真相总是伴着时间缓缓来迟。因此，审慎之人常会留一只耳朵聆听真相，他们共同的自然之母已睿智地赐予每人一双耳朵。欺诈是浅薄的，因此肤浅之人才容易相信它。"谨慎"隐居于幽深之处,只有贤士和智者才去拜访。

147. 采纳他人的建议

采纳他人的建议。无人能完美到任何时候都不需要忠告。拒绝倾听别人意见的人是不可救药的蠢驴。即便是最超凡脱俗的智者也会找个地方倾听友好的忠告。君主也要学着倚靠他人。有的人无可挽救,因为他们拒人千里,所以,他们彻底失败是因无人敢伸出援手。身居高位之人应打开友谊之门,事实证明,这是一扇有用之门。朋友可以自由进言,甚至可以责备你,也不觉难堪。我们相信朋友的忠诚,对他满意,因此赋予他这一权利。我们不会随便予人尊重与信任,可在小心起见的内心深处,我们需要一位能推心置腹之人作为忠实的镜子,从而纠正自己的错误——我们必须为此感恩。

148. 掌握谈话的艺术

掌握谈话的艺术。人的真实个性能够在谈话之中得以体现。谈话是人类生活中最平常的事,但没有任何事比它更须小心谨慎。人之得失尽在于此。书信是深思于心而诉诸笔端的交谈,写信尚需审慎而行,而需立即展现才智的实际交谈,岂不更需要谨慎?那些深谙交际之术的行家里手能感受到他人之灵魂在舌尖跳动,因而先贤[①]说:"说话吧,这样我才能了解你。"有人认为谈话的艺术就是没有艺术,谈话如同穿衣,只需整洁,不需修饰。若是朋友间的交谈,这当然没错;但在与长辈交谈时,就应得

---

① 指苏格拉底。

体,以顾及交谈对象的体面。说话应适合别人的心声,才为合适。不要苛责他人的言辞,否则你将被视为学究;也不要做思想的税务员,否则人们会就此躲避你,至少不会再轻易地表露他们的想法。在交谈中,谨慎比雄辩更为重要。

149. 懂得推罪于人

懂得推罪于人。拥有抵制他人恶意伤害的盾牌,是领导者的重要驭人之道。让别人去承担不满者的责难、嫌恶者的惩罚,这并非幸灾乐祸者所想象的无能的倚靠手段,而是更高超的处世策略。事事如意不可能,皆大欢喜亦不可能。所以,即便是以我们的自尊为代价,也要找一个替罪羊,让他成为不幸事件的活靶。

150. 推销得法

推销得法。仅有内在的价值是不够的,不是每个人都能探究事物之核心,或深入其内在。大部分人是喜欢随波逐流:因为看见别人走,所以他们也跟着走。宣传某物需要一大技巧:有时,你可以美言称之而引人向往;有时,你可以美名冠之而提升其价值——只要不矫饰;还可以宣称货卖懂行人,这也可以起到诱导的作用,因为人人都认为自己是内行。即便不是,那种希望自己是行家的渴望,也会激起他的购买欲。绝对不要宣扬货物易得、平常,那样只会使其贬值,而非畅销。人人都追求不寻常的东西,独特之物更能刺激人的口味和心智。

151. 高瞻远瞩

高瞻远瞩。今日要考虑明日的事,甚至要考虑日后许多天的事。高瞻远瞩是在麻烦到来之时早作决断。富有远见可避免厄运,小心谨慎可以避险。不要等深陷泥潭才想起运用智慧,深思熟虑能帮我们克服最大的困难。枕头是个无声的女巫,早作打算、高枕无忧,比事到临头辗转难眠要好。有些人先行动,后思考,他们考虑得多的是行动的借口,而非行动的结果;还有的人无论在事前还是事后,从不思考。人生就是一个不断思考如何避免偏离正路的过程,深思熟虑和先见之明让人得以确定正确的人生道路。

152. 不与令自己黯然失色之人为伍

不与令自己黯然失色之人为伍。他越让你黯然失色,你越不该与他为伍。他的品质越出众,他的名声也就越出众。他总是拉第一小提琴,你老是位居其后。即便你获得些许报酬,也不过是他剩下的残茶剩饭而已。明月独挂天空能与群星争辉;可太阳一出,它便黯然失色,甚至消失不见。所以,不要与令你黯然失色者为伴,而要与能令你增色的人为伍。马歇尔[①]诗中有位聪明的法普拉,就是因此而显得光彩照人的,因为她那些女仆都丑陋而又邋遢。但是,一个人不要以荣誉为代价以示对他人的尊敬,也不要被狐朋狗友拖入险境。创业之时,应与才俊交往;成功之后,应与凡人为伴。

---

① 西班牙裔古罗马讽刺诗人。

153. 不要去填补前人留下的巨大空缺

不要去填补前人留下的巨大空缺。若你要做，你要确定可以超越你的前任。可是仅仅与其平分秋色，就需双倍的成就。让接任者怀念我们，这招很妙；不让前任的光彩将你掩盖，这也是一种策略。填补大空缺很难，因为人们总是厚古薄今。只与前任不相上下是远远不够的，前任有占先的优势。所以，你要有额外的资格，才能取前人盛名而代之。

154. 不轻易相信，也不轻易喜欢

不轻易相信，也不轻易喜欢。成熟的头脑最为明显的标志便是不轻信他人。谎言司空见

惯，所以不要经常相信别人。容易被牵着鼻子走的人很快就会被人鄙视。同时，也不必表现出你怀疑别人的真诚——这显得无礼，还是一种侮辱，因为这种怀疑等于你把递信之人视为骗子，或视其为上当受骗者。坏处不仅仅是这些，多疑还是惯于说谎之人的标志。撒谎者一般都要忍受两种煎熬：既不信人，也不为人所信。倾听者迟作判断是谨慎的，可以让讲话的人说出信息的最初来源。轻易就喜欢，也是一种类似的草率行为——言语可以行骗，行动亦能说谎，而对现实生活，后者的危害更甚于前者。

155. 掌控激情的艺术

掌控激情的艺术。若有可能，就让审慎深思来对抗低俗冲动，谨慎之人不难做到这点。

意识到自己处于激情是掌控激情的第一步。这样,你就开始了控制自我情绪的斗争,你必须恰当地调节自己的激情——令其既有必要,又不过分。这是发怒而又止怒之关键技巧。你应该知道何时、如何止住它为最好,疾步狂奔之时是最难停下来的,同理,盛怒之际还能保持头脑清醒,这最能证明你的明智。每次过分激动都是对理性的背弃。但是,通过灵活的驾驭,理性永远不会被逾越,也不会超过自身防范的界限。为了驾驭激情,你必须抓牢注意力之缰绳。谁能做到这一点,谁就是骑在马背上的第一个智者[①],也许还是最后一个。

---

① 西班牙有谚语称"马背上无智者"。

156. 选择你的朋友

选择你的朋友。经过实践和命运的考验的朋友才算合格。合格不仅体现在情感方面，还体现在洞察力方面。尽管这是人生第一要事，但世人对此并不上心。只有少数人用智力择友，而更多的则靠机遇。人们总是根据所交朋友来判断一个人的为人，因为智者永远不会与傻瓜有共鸣。同样，和某人交往很开心，并不意味着和他很亲密，可能只是喜欢与之为伴时的快乐，但未必信赖他的才能。有的友谊合法，有的则违法；后者是为了娱乐，前者却能产生思想和动力。大部分"朋友"看上你，不是因为你本人，而是因为你的境遇。众人的友好往往还抵不过一个挚友的真知灼见。因此，交友要精挑细选，而不应单纯依靠机缘。明智的友人驱走忧愁，愚昧的朋友让你烦忧。此外，别期盼朋友运气太好，可能你会就此失去他们。

157. 识人别出错

识人别出错。识错人，这是最糟糕的错误，也是最易犯的错误。宁可在商品的价格上受骗，也不能在其质量上受骗。相比与其他事物打交道，与人打交道尤其要看到本质。识人与辨货不同，需要洞悉他人内心深处的情感，分辨其性格特征，这是一门高深的学问。这就要像钻研书本那样，把人研究透。

158. 善用朋友

善用朋友。这需要所有的判别技巧。有的朋友适合远交，有的朋友适合近处。有的朋友不善言辞，却可以成为很好的笔友。所谓距离产生美，距离能让人忽略一些亲近之时无法忍受的缺点。交友更要注重实效，而非只为享乐。

因为正如一些人所言,朋友通常有着世间一切美好事物所共有的三大品质:和谐、诚实、善良。朋友是一切的一切。称得上好朋友的并不多,如果不善选择,好朋友就更加难求。珍惜老友比结交新知更重要。你所选择的应是那些能与你长久交往的朋友,如果起初的新朋友,将来变成老朋友,这也算是些许安慰。最好的朋友绝对是那些经年累月者,尽管他们可能需要不断经受考验。一个人活着,若无友谊,则其人生比沙漠还荒凉。友谊可使人生的美好翻倍,不幸减半。友谊是治疗失意的不二良药,是滋润灵魂的新鲜空气。

159. 忍受愚蠢

忍受愚蠢。智者常常没有耐性,因为学问增加了,他们对愚蠢的耐心也减少了。学识渊博之人很难被取悦。生活中第一重要准则便是"忍耐"二字,爱比克泰德①如是说,他视其为所有智慧真谛的一半。容忍种种愚蠢,需要极大的耐性。有时候,我们不得不忍受的人恰恰是我们最依赖的人,这是锻炼我们自制力之有用的一课。忍耐产生安宁,这是世间幸福之无价的恩惠。如果没有耐性,就要独处——即便是独处,也不得不忍耐自己。

160. 说话要谨慎

说话要谨慎。与对手交谈时,要审慎;与其他人交谈,也要小心,是为了言语得体。补充一句话总是有机会,收回一句话却永远不可能。说话要像立遗嘱:言词越少,纷争就越少。

---

① 古罗马哲学家,晚期斯多葛派主要代表之一。

在细微小事上锻炼自己的言谈,从而应对更重要的讲话。深藏不露的秘密有点神圣的光彩。口风不紧之人,很容易跌倒或失败。

161. 认清自身喜爱的缺点

认清自身喜爱的缺点。最完美的人也有自己喜欢的缺点,这些缺点像明媒正娶那样堂而皇之,或像不合法关系那样遮遮掩掩。这些缺点通常是才智方面的,越是有才华的人,其缺点越严重,或越明显。并非这些人不知道自己有缺点,而是因为他们喜欢这些缺点。这是双重的不幸——因这些缺点本可改掉,但他们却爱得荒唐。这些缺点是完美的瑕疵,令本人高兴,却令他人生厌。消除这些缺点是件很了不起的事,还可带来其他优秀品质。不然,人们很容易就能看出这种缺点,在审查你的资质时,会紧盯这一污点不放，并尽量抹黑它，使你的其他才干也被掩藏。

162. 如何战胜对手和诽谤者

如何战胜对手和诽谤者。通常来说，轻视他们是明智的，但还远远不够——你还要有大将风度。别人说你不好，你却说他好话，这比什么都值得赞赏。用才干和帮助化解仇怨是最显英雄气概的报复，可以快速征服并折磨妒忌者。如果别人对你心怀恶意，那么，你的每次成功都等于进一步拧紧他们脖子上的绳子——对手的荣耀就是他们的地狱。嫉妒之人不会只死一次——他所嫉妒的对手每次赢得掌声，他就如同死了一次。一方多么有名望，另一方就多么受折磨：一方生活在无尽的荣耀中，另一方就生活在无尽的苦痛中。名声之号角宣布了一方的永生,也宣布了另一方的死亡,妒忌者的衰老是漫长的煎熬。

163. 决不因同情而卷入他人的不幸

决不因同情而卷入他人的不幸。一人的不幸也许是另一人的幸运。因为如果没有很多人的不幸,他又怎能走运?不幸之人的一个特点就是经常激起人们的善心。人们试图用于事无补的恩惠来补偿他所受到的打击。结果那些发达时人人妒忌之人,身处逆境之时,突然成了无人不怜的对象。人们对他高飞之时的仇恨,转化为对他落难之时的同情。但是,我们不应忘记命运是如何洗牌的。有的人总是与不幸之人结交,总让昔日飞黄腾达之人可怜兮兮地站在他身边。这也许显示其灵魂的高尚,但并不能表明其处世之智慧。

164. 投石问路

投石问路。以洞察人们是怎样看待某些事情,尤其是那些不知道是否能够被接受、是否会成功的事情。这样,就能确保行事有好的结果,并且可以获得一个选择的机会,是继续认真做下去还是全身而退。智者通过试探他人的想法,从而知道自己的处境。这是在提出询问、请求和管理他人之时最具远见的重大法则。

165. 斗争也要讲体面

斗争也要讲体面。有时,你不得不与人斗争,但不要使用毒箭。每个人都应按本色行事,不为他人所迫。在人生之战中,英勇可以赢得众人的赞赏——征服敌人,不仅要靠力量,还要靠道义。卑鄙的征服不能带来荣耀,只会让人感到耻辱。有荣誉的一方总是占优势。值得尊敬之人从来都不会使被禁之武器,比如不会利用友谊来达到仇恨之目的,并最终导致友谊的破裂:不把别人对自己的信任用作报复。最轻微的背叛也会玷污你的名誉;即便一点点卑鄙的痕迹也会被有荣誉感的人鄙视——高尚与卑鄙势不两立。你要能自豪地宣称:哪怕勇气、慷慨和忠诚都被世人遗弃,也一定藏于你心。

166. 分辨善言者与善行者

分辨善言者与善行者。此辨别力很重要,正如辨别朋友是看中你本身还是趋附你地位一样——他们有天壤之别。有恶言而无恶行,便已很可恶;若说得好却做得糟,则更让人不齿。

言语就像风一样，不能充饥；礼节也只是文雅的欺骗，同样不能充饥。用镜子反射光线可让鸟儿眩晕，不过想借此捕鸟只是一个美妙的幻想。只有虚荣的人才会接受空话作为报酬。言语应该成为实践的保证书，要像当票似的，具有市场价格。只长树叶而不结果实的树通常都没有树心——要认清它们，除了遮阴，别无他用。

167. 知道怎样依靠自己

知道怎样依靠自己。危难之时，勇敢的心就是最好的伙伴。如果心开始脆弱，最好用靠近它的器官来加强。意志坚定的人，忧虑自然就会消失。千万别向苦难投降，否则不幸会让你无法忍受。面对困境时，很多人不自救，且不懂得怎样去忍受，于是苦上加苦。了解自己的人懂得如何加强自己的弱项；明智之人可以征服一切，甚至包括他们的命运。

168. 不要沦为愚蠢的怪物

不要沦为愚蠢的怪物。虚荣、专横、自我、言而无信、反复无常、顽固不化、不切实际、装模作样、异想天开、多管闲事、自相矛盾、拉帮结派以及所有偏执的人，都是鲁莽的怪物。精神畸形比身体残缺更令人讨厌，因为它与更高层次的美相抵触。可谁能救助这种已经彻底混乱了的心智呢？如果缺乏自控，必不能容纳他人之指导。这种人不在意人们真正的嘲笑，反而毫无根据地把它想象成他人的喝彩，以此来蒙骗自己。

169. 多加小心，避免万一失手胜过百发百中

多加小心，避免万一失手胜过百发百中。无人会看炽燃的太阳，可一旦日食，则万众瞩目。人们通常不注意你做对了什么，却会注意你做错了什么。好事不出门，坏事传千里。很多人在出事之前无人知晓。所有的功绩汇总也不足以掩盖一个小小的污点。当你知道那些恶意的眼睛在关注你的每一个错误，而对你的成就熟视无睹，你就应避免犯错。

170. 凡事有所保留

凡事有所保留。此法能确保你在他人心中的重要性。任何时候，你都不能一下子用尽你所有的才能和力量。即便是知识，也当留个后

卫，有所隐藏。这样，你的才智就等于翻了一倍。对失败产生恐惧之时，你必须总能有所依靠。后备军往往比突击队更重要——他们的英勇和荣誉更值得褒奖。谨慎的人总是走得很稳。从这点上看，有一个尖锐的悖论说得好：一半多于全部。

171. 不要滥用人情

不要滥用人情。重要的朋友要用在关键的时候。不要把重要的关系浪费在细微小事上——那会浪费别人的情义。预备的大锚应该为绝境保留着。如果让不重要的事情把重要的关系都浪费掉，那么，你还能剩下什么？在今天，没有什么比能得到他人的保护更重要，也没有什么比得到关爱更昂贵。他人的眷顾可助你成功，也能坏你的事；它甚至既能增长你的智慧，也能夺走它。智者受到造化和名望的眷顾，也常会招来命运之神的嫉妒。所以，保有权能人士的眷顾比保有财产更为重要。

172. 决不与一无所有者争斗

决不与一无所有者争斗。如果这样做，你会陷入不公平的争斗中。对方肆无忌惮，因他已失去一切，包括羞耻感，也决不害怕再失去什么。他可以为所欲为。你绝不能把自己珍贵的名声暴露在如此可怕的危险之中，以免积攒多年的名声毁于一旦——稍不留神，你所有的辛劳就会化为乌有。拥有名誉、有责任心的人有好名声，他们担心失去许多东西，所以他们会权衡自己与对方的名声，谨慎地参与斗争，小心翼翼地开展工作，慎重地及时撤退，以保全名誉。否则，即便获胜，他也会因冒险而得不偿失。

173. 与人相交,不要像玻璃般易碎,朋友间尤其如此

与人相交,不要像玻璃般易碎,朋友间尤其如此。有些人很容易崩溃,表明他们太脆弱。他们把这归罪于想象中受到的侵犯,以及难以忍受的他人的恶意。他们的情感比眼睛还要敏感,无论是玩笑还是真心话都不能触碰。尘埃都能使他们生气,更别说大的刺激了。与这种人交往须很小心,要注意他们的神经过敏,要察言观色,因为稍微没有顾及他们,他们就会不高兴。他们大多很自我,是自己情绪的奴隶,为此可把所有事情搁置一旁:他们是细节的崇拜者。与其相反,真正友爱的人,其秉性如钻石,既坚固又耐久。

174. 不要活在匆忙中

不要活在匆忙中。懂得如何分割处理事情，就懂得如何从中享受乐趣。很多人还活着，好运却丧失殆尽。他们行色匆匆，经过许多有趣之事，却不知享受，当发现已跑过界碑时，才想回头重来。他们像驾驭生活的马车夫，因为赶急而加快生活的脚步。他们一天吞下的食物，比一生能消受的都要多。他们总是把享受置后，提前耗尽了年华，因为匆忙而把所有事情结束得太快。即便是寻求知识，也应把握好尺度，以免白花时间去学那些不如不去了解的东西。人生漫长，而快乐短暂。要快速工作，慢慢享受，因为大家都知道：工作结束会有娱乐相随，而娱乐之后却是后悔相伴。

175. 做个实在的人

做个实在的人。如果你是个实在人,就不会喜欢不实之人。声名显赫而无根基,是可怜的。看上去实在的人并非都实在。有些人是欺诈的源头——虚妄的妖精①播下孽种于其大脑,滋生出种种欺诈。另一些人与此类似,喜欢谎言,不喜欢真实,因为谎言的承诺很多,但是真实却表现很一般。但最终这些妄想没有好的结局,因为它们缺乏坚实的基础。只有真正的功绩才能带来真正的名誉,只有实在的资产才能带来真正的利润。一个欺诈需要更多欺诈来弥补,这种空中楼阁必然会很快土崩瓦解。没有根基的事物就没有长久的生命力。承诺太多,令人质疑,就像证明过多反而有假一样。

---

① 指凯米拉,希腊神话中吐火的怪物,是狮子、山羊和蛇的组合体,代表妄想。

176. 自知或从知者处知

自知或从知者处知。如果没有知识（不管来自本人还是他人），就不可能有真实的生活。但是，许多人都不知道自己无知，更有甚者不懂却自以为懂。智力方面的缺陷是无可救药的，那些无知的人，没有自知之明，所以不知道去找寻自己所欠缺的东西。许多人如果不自作聪明，本来是可以成为智者的。这样，智慧的哲人虽然很少，但却无人问津。向他人求教无损你的伟大，也不会让人怀疑你的才能。相反，证明你乐于接纳他人意见。如果你不想失败，就应理智地听取别人的忠告。

177. 避免与人太亲近

避免与人太亲近。不要与人过于亲近，也不要让人过于亲近你。与人过于亲近者，会丧失其影响力所赋予的所有优势,从而丧失尊严。天上的星星因为不贴近人类,所以才能保持灿烂辉煌。神圣是需要礼节的。太过亲近,则易生轻慢。关于世间之事,你越是显露得多,得到的就越少——本来可以隐藏起的缺陷,也会在公开交流中传播开来。亲密永远不悦人心意:与上级亲近则有临危之虞,与下属亲近则有些不得体。尤其不可与愚蠢之人亲近——他们蠢不可言,傲慢无礼,会错把你的亲近当成你需要他们。亲密近似粗俗。

178. 信赖你的内心

信赖你的内心。尤其是当它被证明值得信赖后,更要如此。一定要倾听内心的想法。它是你家中的先知,常能预测各种重要的事情。许多人都因疑虑自己的内心而致毁灭。但是,只是疑虑而不寻求更好的补救措施,又有什么用呢?许多人天生就拥有一颗忠于自己的心,总能给他们以提示,发出警告之声,提醒他们避祸免灾。追逐祸害是很不明智的,除非你想征服它们。

179. 缄默是才能的标志

缄默是才能的标志。没有秘密的内心如同一封打开的信一般。只要地基坚固,城府深,秘密就能藏得很深——你的心中要有足够掩藏要事的地下室。缄默是自控的结果,在这方面实现自控才是真正的胜利。你把秘密告诉了谁,就要向谁交付赎金。安稳处世的智慧在于内心的节制。在他人盘问你之时,在他人用反驳的方法刺探你内心秘密之时,在他人讽刺你之时,缄默便遇到了险情——为了化解这些危险,谨慎之人愈加缄默。不要事先讲出必做之事,也不要一味地按照必说的去做。

180. 决不被敌人误导

决不被敌人误导。智者断定的明智之事,蠢人从不会去做,因为他们不知道遵循合适的方法。审慎的人更不会遵循他人拟定甚而推行的计划,因为他们必须从多角度对事情进行探讨——反反复复地考虑到各个方面。人的判断是各不相同的;还未作出决定的人应考虑全面,多想想什么"有可能"发生,而不是什么"很可能"发生。

181. 说真话,但不要说出所有真话

说真话,但不要说出所有真话。没有什么事比袒露真相更需要谨慎的了——说真话就像用手术刀给心脏做手术一样。透露真相和掩盖真相一样,耗费人的心机。一句简单的谎言就可能毁掉你整个诚实的名声。欺骗被视为背叛,骗子被视为叛徒——后者更严重。但是,不是所有的事实都可道出:有时是为了保全自己,有时是为了保全他人。

182. 凡事都要勇敢

凡事都要勇敢。这是审慎处世的一个要点。你必须节制自己对他人的评价,以免高估他们,让自己畏惧。想象力不可无限扩大。很多人看似伟大,若与其相交,只会增加你的失望,而

非景仰。无人能超越人性的局限，尽管它很小——每个人都有弱点，不是存在于大脑，就是存在于内心。尊贵的地位使人表面威严，但这权威很少与人自身的能力相配——命运无常，它总是让地位高贵的人拥有低劣的素质，以平衡其位置的高度。想象总是蹦出太快，给事物染上比本身更绚丽的色彩——想象力不是根据事物的本质来考虑问题的，是根据人的期望。历练的警觉可立即矫正这一点。智者不应懦弱退避，愚人不应粗鲁莽撞。如果说自信能为无知者助威，那它对智勇双全者的帮助又何其大矣！

183. 不要固执己见

不要固执己见。愚蠢的人都坚信自己正确，坚信自己正确的人都很愚蠢。他们的判断越是错误，越是执迷不悟。即使事情明显是正确的，作出点让步也不妨：人们不会忽视我们所持观点的理由，而且会更认可我们让步所表现出来的优雅风度。否则，我们因固执而招致的损失，将远远超过我们因胜利而得到的——固执己见不是维护真理，而是粗鲁无礼。有些人的顽固脑袋，很难转过弯来，固执己见再加上异想天开，则生成一个令人厌烦的笨蛋。你的坚定应该表现在意志上，而不是心智上。但是，也有一个例外——你不能既在判断上让步，又在行动中让步，这样会导致双重的失败。

184. 不要过分拘礼

不要过分拘礼。就算是国王，这种装模作样会带来怪癖之名声。拘泥于细节往往令人讨厌，而有的国家全国上下都有这一怪毛病。繁文缛节织就了蠢人的衣服,他们顶礼膜拜的是自己的尊严,但事实表明他们根本不够格,因为他们害怕最细微的小事就能摧毁他们的尊严。要求别人尊重自己,这没错,但别把自己弄得像个仪式的司仪。当然,如果想要不凭仪式就做成某件事,一定要有超凡的品质。人不应装模作样,也不应该轻视礼节——在这种小事上显得了不起的人并非伟人。

185. 切莫孤注一掷赌名声

切莫孤注一掷赌名声。若此举失败,损失则难以弥补。出现一次失败很常见,尤其是初次尝试,更易失败。环境不会总是有利的,所以有人说:连狗都有好运当头的一天。总要给自己预留再试的余地,无论第一次是否成功,都能有益于第二次。你总会有更好的方法和更多的资源可供采用。事情成功与否仰仗各种机缘,这正是成就感如此难得的原因所在。

186. 认识缺点,不管其地位有多高

识别缺点,不管其地位有多高。邪恶无法掩藏其本质,哪怕它穿绸披锦,甚或头戴金冠,终究会被正直之人识破。无论奴隶制怎样炫耀君王与主人的高贵,都无法减少其本质的卑劣。恶人可以站在高处,自拔其高,但他们依然卑下。人们能看到许多伟人有重大的过失,但却不知道伟人之所以伟大并非因为其过失。有些崇高的榜样外表美丽得很,甚至可以掩藏其缺陷;谄媚之人受其感染,认识不到高位所掩藏的东西如果失去其地位,将令人生厌。

187. 令人愉快之事，自己做；令人不快之事，让他人代劳

令人愉快之事，自己做；令人不快之事，让人代劳。前者让你赢得好感，后者让你避免憎恶。伟大的人物认为施惠比受惠更令人愉快，这是其慷慨天性带来的殊荣。他们不会随意让别人受苦，因为他们难免由此会因同情或懊悔而受苦。身居高位，只能通过对下属采用赏与罚来开展工作。那么，若奖赏你就亲自送出，而惩罚就让别人代办。你要找到一个这样的人，能让别人的不满、厌恶和诽谤都指向他。凡夫俗子的愤怒如疯狗一般，他们不知道痛从何处来，只知道去咬鞭子，鞭子不是真的罪人，不过无辜代罪而已。

188. 成为赞美之人

成为赞美之人。这可让我们的好品位得到更多的赞扬,这说明我们在他处已获得经验,知道何为优秀,从而知道在所处的场合如何进行赞美。赞美可以提供谈资、模仿的范本,并激励人们去做值得称道的努力。而且,这也是用优雅的方式向我们面前的杰出人物表示敬意。有的人则与此相反,他们用讥笑作为自己说话的伴奏,自认为贬低不在场的人就能恭维在场之人。也许,他们可用此手法对付浅薄之人,因为这些人注意不到对每个人都说别人的坏话是多么的狡诈。许多人都跟随这一策略:他们崇尚今天的平庸事迹,胜过昨日的丰功伟绩。审慎者一眼就能看穿这点小把戏,他们既不因为评论者言过其实而沮丧,也不因别人的谄媚而得意忘形。他们明白,那些人是在做同样的事情,他们根据不同的说话对象采取了不同的手段。

189. 利用他人的欲望

利用他人的欲望。人越是有欲望,就越容易受控制。哲学家说"缺失"是什么都没有;政治家说"缺失"就是应有尽有——他们说的都有道理。许多人利用他人的欲望作为达到自己目的之阶梯。他们利用这种机会指出满足其欲望是如何之难,由此激起他人的兴趣。渴望所产生的干劲比拥有所产生的懒惰更有用处。阻力越大,渴望就越强烈。精妙之处在于:满足别人的渴望,同时,还维持他对你的依赖。

190. 在万物中寻觅慰藉

在万物中寻觅慰藉。在无用之物里你也能找到慰藉:它们可以不朽。烦忧都可以得到补偿。谚语曰:傻瓜有福,丑女有夫。事物的价值越小,其生命就越长。有裂纹的杯子永远都不碎,耐用得让人厌烦。天妒英才,它让无用者长寿,而让天才早逝,以求得平衡。担当重任者面带悲伤;无足轻重之人,总是活得安然。要么看上去如此,要么确实如此。那些不幸的人认为,自己既被死亡之神遗忘,也未被幸运之神想起。

191. 慎防巧言令色

慎防巧言令色。那是骗人的手法。有的人不用奇异药草就能制成迷魂药,他们只凭一个优雅的问候就能迷惑傻蛋。他们开办了一个"面子银行",支付手段为花言巧语。什么都许诺就是什么都没许诺——许诺是陷害傻瓜的圈套。真正的谦恭是在履行自己的职责,伪装而特别无用的谦恭就是欺骗——这不是尊敬,而是趋炎附势。他们不是被某人所折服,而是被某人的权力折服;他们恭维一个人不是因为认可其人品,而是因为他们想从他处得到好处。

192. 心境平和则长寿

心境平和则长寿。自己活,也让他人活。平和的人不只是活着——他们驾驭生活。做人应勤听、勤看、忌多言。白天不与人争论,夜晚便无噩梦。既活得长寿,又活得快乐,相当于活了两次,这就是心境平和的益处。一个人能不无中生有,就能应有尽有。事事锱铢必较最变态。事不关己却为之伤神,与事关自己却漠不关心是一样的愚蠢。

193. 防备那些利用他人达到自己目的的人

防备那些利用他人达到自己目的的人。只有提高警惕,才能防备他人诡计。要留意他人的意图。许多人都善于将自己的事变成别人的事。除非你能拥有洞察他人意图之钥匙,否则,无论在何时,你都有可能被迫为他们火中取栗,而伤害自己的手指。

194. 理性看待自己和自己的事

理性看待自己和自己的事。初涉人世更要如此。人人都自视甚高,最没有资本的人自视最高。每人都梦想走运,并以为自己是个奇才。希望滋生非分之想,其实难以如愿。这种非分之想是烦恼的源泉,因为现实会让它幻灭。这种偏差,明智之人能够预见,他们总是抱着最好的期望,做最坏的打算,从而平静地接受任一结果。没错,把箭头瞄得高些,这很聪明,这样才能射中目标;但是不能瞄得太高,使得自己在人生之初就错过自己的目标。你应修正自己的想法,因为亲历之前,你的期望肯定飞得太高。小心谨慎是防止愚蠢的灵丹妙药。如果一个人了解自己的能力大小和自己真正的位置,他就能调节理想和现实的差距。

195. 学会欣赏别人

学会欣赏别人。对他人无任何教益的人没有,优秀到无人能超越的人也没有。懂得如何使用各种人是一门有用的学问。智者欣赏每个人,因为他能看到每个人的优点,而且知道得一专长是何其不易。蠢人则贬低每个人,他们不会识别好的,只会选择坏的。

196. 知道你的幸运星

知道你的幸运星。没有幸运星的人最无助。如果一个人很倒霉,说明他还不知道幸运星在哪里。有的人攀龙附凤而站在高处,却不知其所以然,只知道好运气赐予他们优厚的条件,他们只需稍稍努力就好。有的人受智者的眷顾。

有的人在一个国家也许比在另一国家更容易被接纳,有的人在一个城市比在另一城市更受欢迎。资质未变,换个部门或职务也许就会走运。幸运女神总是随意地洗牌。每个人都要了解自己的运气,就像了解自己的才干一样,因为人的成败得失都有赖于此。追随你的幸运星,不要搞错了——哪怕它旁边的星星雷鸣般大声召唤你——否则,你将迷失方向,找不着北。

197. 不要为蠢人所累

不要为蠢人所累。不会识别蠢人的人,谓之蠢人;能够识别蠢人,却不与其保持距离,则更为愚蠢。和蠢人做伴是危险的,跟蠢人交朋友则是致命的。即便自身的小心和他人的注意也许会让蠢人暂时安分一些,但是,蠢人终究还是会说蠢话、做蠢事,而且会因为压抑太久而更为过分。没有声誉的人是不会帮助别人提高声誉的。蠢人大多很倒霉,这是他们的报应——他们必须为自己的行为付出代价。他们只有一样东西还不太坏,那就是:尽管他们对智者没用,但却可以作为很有用的路标或警告。

198. 懂得易地而处

懂得易地而处。有些国家的人,尤其是身居高位之人,必须离开自己的国家才能令其价值得到重视。他们的祖国对待天才就像后母:其出生之地,嫉妒泛滥;人们只能记住其开初的卑微,而忽视其日后的辉煌。一针一线从世界的这一端走到那一端,也会增值,来自远方的彩色玻璃其价格可超过钻石。舶来品都会受到人们的推崇,部分原因在于它来自远方,部分原因在于它做工精良。有些人曾经是同族人的笑柄,现在却成为世界奇才,受到同胞与外国人(他们现侨居其中)的尊敬——受到后者的尊敬,是因为他来自远方;受到前者的尊敬,是因为同胞们只能从远处遥望他。如果一个人知道祭坛上的雕像只是园林中的一段树干,就不会对其心生敬畏。

199. 获得自己合适的位置,凭德行而非逾越

获得自己合适的位置,凭德行而非逾越。获得他人尊重的正确途径是凭借德行,若有努力做伴,路途就会更短。只有正直是不够的,拼命争取也不体面——这样获得的东西会布满灰尘,这种耻辱会破坏名声。正确的途径是二

者皆用：将要到达某个位置时，鞭策自己，冲刺抵达。

200. 把一些愿望留到以后去满足

把一些愿望留到以后去满足。这样，你就不会乐极生悲。身体需要呼吸，心灵也有渴望。如果你拥有一切，那么一切终将幻灭，让你不再满意。即使是求知，也应留些东西以后再去探索，从而激起好奇与希望。过度的幸福具有毁灭性。帮助他人要讲策略：不要让他们完全满意。如果他们再无渴望，一切将变得可怕，快乐之上却无欢愉。当欲望熄灭时，恐惧便会滋生。

201. 看上去愚蠢的人都是笨蛋，看上去聪明的人也有一半是笨蛋

看上去愚蠢的人都是笨蛋，看上去聪明的人也有一半是笨蛋。世界上充满了愚蠢的人，即使有一点智慧，与神比起来，也是愚蠢的。那些认为自己聪明、别人都笨的人是最愚蠢的。如果想做聪明人，看上去聪明是不够的，而自作聪明则更糟。认为自己无知便为有知，看不见他人所见便为无见。尽管世界上充满了蠢人，但没有一人认为自己愚蠢，他们甚至会怀疑世人多半愚蠢这一事实。

202. 言语和行为共同打造完美之人

言语和行为共同打造完美之人。做人应该言语得当,行为得体。前者说明头脑优秀;后者显示心灵美好。二者皆源自高贵的灵魂。言语是行为的影子,前者为阴,后者为阳。因行为受人称赞比用言语称赞别人更重要。说话容易做事难。行动是生命的本质,言语只是装饰品。卓越的行为可以永生,惊世的言语则容易消逝。行动是思想的结果——如果思想是智慧的,那么行动就是有效的。

203. 认识你这个时代的伟人

认识你这个时代的伟人。伟人不多。世界上只有一只凤凰,一个世纪才出一位杰出的将军、一位完美的演说家、一位真正的哲人。几百年才出一位真正伟大的君王。平庸之人不计其数，同时也无足轻重；各个领域的杰出者都凤毛麟角，因为这需要完美无缺——所处层次越高，便越难卓尔不群。很多人想要像恺撒和亚历山大一样成为"大帝"，于是就自封头衔，结果却是白费心机。若没有伟大的功绩，头衔只不过是空气。塞涅卡式的人物历来不多，彪炳青史的也只有阿佩里斯[①]一人而已。

204. 举轻若重，且举重若轻

举轻若重，且举重若轻。前者可以避免疏忽大意，后者可避免丧失信心。自以为一件事已经完成，它便永远无法完成。另一方面，勤奋且有耐心，可以攻克看似不可能的

---

① 公元前4世纪希腊人，曾任亚历山大的宫廷画家，在当时很受欢迎，其画像无一传世。

事情。想要成就大事,不必过分思虑,以免知难而退。

205. 懂得漠视的技巧

懂得漠视的技巧。想得到你想要的东西,最精明的方法就是:假装毫不在乎。踏破铁鞋无觅处,得来全不费工夫。世上万物都是永恒之物的影子,都有影子的性质——它们逃离追逐者,却也追逐逃离它们的人。漠视亦是一种最为精明的报复方法。智者不会用笔来为自己辩解,这已是永恒的法则。如果你提笔辩护,总会留下痕迹,与其说是惩罚对手,不如说是让他们出名。小人的招数就是出来和伟人作对,用卑鄙的手段出名,因为他们不能从正道出名。假如伟人漠视那些卑鄙之徒,也许他们会就此了无声息。没有任何报复能像漠视那样,可把那些小人掩埋在卑微的尘土之下。无耻之人妄图借烧毁他们时代的世界奇观得以永垂青史。还击他人诽谤的办法就是漠视。和流言相争，反而对自己不利——即便让人相信了我们的清白，依然还会引起怀疑，对我们的对手来说，也是一种满足。这一点污迹所造成的阴影，即使不能完全抹黑我们的名声，也会削弱我们的光芒。

206. 要明白平庸者无处不在

要明白平庸者无处不在。哪怕是在科林斯①，在最显赫的家族，也不例外。每个人都可在自家门内进行验证。出身显赫的庸俗之人更

---

① 指科林斯湾内伯罗奔尼撒半岛东北希腊南部的一个城市，在公元前 7 世纪和 6 世纪是一个富裕的海上强国，以文化和教育扬名。

糟糕，这种人有着所有庸俗之人的特点，就像一块玻璃碎片有整块玻璃碎片的特点一样，只不过是更有伤害性而已。他们说话不经过大脑，还经常无知地谴责别人。他们是无知之徒、愚蠢的主顾、造谣的老手。你不必理会他们的话，也不用顾及他们的想法。重要的是：认识粗俗就是为了远离它们，不管是主观的还是客观的。所有愚蠢都是粗俗，而粗俗之众又都由蠢人组成。

207. 学会控制自己

学会控制自己。你必须考虑意外灾祸的发生。冲动会让你失去谨慎，甚至招致毁灭。一瞬间的愤怒或者喜悦，要比长时间的平静导致更多的失控，而短暂的失控也许会让你一生蒙羞。他人狡猾地利用这种机会来诱惑你，想查看你的内心，以探知你谨慎的限度。自控就是对策，且对突发的紧急事件尤其适用。为防止冲动，你要再三考虑——马背上的智者需要双倍的聪明。懂得危险之人会谨慎行事。如果脱口而出，也许言者无心，但可能听者有意。

208. 不要死于愚蠢

不要死于愚蠢。聪明之人总是在失去理智之后死去，愚蠢之人总是在找到理智之前死去。为愚蠢之人担心而死，就是死于过度思虑。有的人因为思虑太多、感触太多而死去；有的人根本不知思考，不知感触，却好好地活着。前者愚蠢，他们死于忧虑；后者同样愚蠢，因为他们没有忧虑。因为懂得太多而死，实在愚蠢。这样，一些人因懂得太多而死；另一些人因懂得不多而活。尽管有许多人像傻瓜一样死去，而那些傻瓜却很少会死。

209. 超然于世俗的愚蠢

超然于世俗的愚蠢。这是一个特别的策略。这些愚蠢因为常见而有特别的力量,许多人不被个别的愚蠢误导,但无法摆脱普遍的缺陷。其中包括那些常见的错误:没有谁会对自己的财产感到满足(不管他多么富有),也没有谁对自己的才智不满(无论他多么愚蠢)。人们不满足于自身的幸福,总是嫉妒他人的幸福。说得更远一点,现在的人总是赞美过去的事物,这里的人总是赞美别处的东西——似乎逝去的事物总是最美好的,遥远的东西都是那么有价值。对一切嗤之以鼻的人和对一切都抱着悲观态度的人,一样愚蠢。

210. 懂得怎样对待真相

懂得怎样对待真相。说出真相是危险的，但好人不能不说，这就需要高超的技巧。最高明的精神医生设法让真相的药丸变甜，因为当真相毁灭幻想时，会痛苦万分。这时，令人愉悦的方式可大展身手：同样的真相，既可让人开心，也可使人崩溃。处理今天的事情，要像处理很久之前的事情一样。对于明白人，一句话就够了；如果还不够，可以保持沉默。不要让那些贵族吞食苦涩的药丸，让他们清醒的药丸一定要包上糖衣。

211. 天堂中一切是福,地狱中所有为苦

天堂中一切是福,地狱中所有为苦。尘世位居二者之间,因此苦难与幸福兼具。我们生活在两个极端之间,所以可以同时得到两个极端都有的东西。祸福没有定数,你不会永远走运,也不会终生倒霉。尘世本空,没有什么价值,但是因为有天堂在前面,才有了非同寻常的意义。淡泊处世,才是最谨慎的生存之道,智者从不会大惊小怪。人生如同一场复杂的喜剧,其复杂情况会慢慢解决,但要注意,在落幕之时,有个好结局。

212. 懂得保留绝招的艺术

懂得保留绝招的艺术。大师在授徒之时,便是凭这个箴言保持尊贵的地位:永远领先于人,才能保持大师的地位。教授别人,一定要讲究技巧。知识和礼物的来源都不能告诉他人,这样,才能保持他人对你的敬仰和遵从。不管是娱乐还是教学,都要遵循这个规则:保持人们对你的期待,保持自己的优势。懂得保留,对人生、对成功,都是重要的法则,对那些身居高位的人来说,尤其如此。

213. 懂得如何反驳

懂得如何反驳。这是查明事情真相的主要方法——让别人尴尬,自己却不尴尬。这就像夹人手指一样,可刺激别人冲动,然后获知真相。你的些许怀疑,可作为他人吐露秘密的催化剂。这是一把钥匙,能打开他人紧锁的心。如果方法巧妙,能窥视到他的想法,考验他的意志。对别人神秘的话语狡猾地表现出不屑,可以掏出他隐藏最深的秘密;用甜美的诱饵把别人的秘密从心中引至嘴里,滑落舌尖,掉进你精心编织的欺骗之网里。你不表现得那么关心,别人就不会那么在意,从而能够吐露真言,不然,其内心就会深藏不露。假装有所怀疑是最灵巧的撬锁工具,能让你如愿以偿。在知识学习上,学生反驳老师也是精明的策略,这样老师就会尽力把道理讲得更透彻、更具说服力,因此适当的反驳可使教学更加完善。

214. 不要把一个错误变成两个错误

不要把一个错误变成两个错误。人们总是为了挽救一个错误，再犯四个错误；为了一次大意找借口，往往要再次大意。愚蠢不是谎言的亲戚，就是谎言的家人，因为它们都需要几个来支持一个。做了错事还辩解最糟糕，比罪过还糟糕的就是不能掩饰罪过。为一次过错支付抚恤金就够了，不要负担更多。智者也会做错事，但不会一错再错。即使滑倒，也是奔跑之时的大意，而非站立之时的故意。

215. 提防那些掩饰自己意图的人

提防那些掩饰自己意图的人。精明人的一个策略就是能在打击对手之前，先让他丧失警惕，然后反败为胜——他们掩饰自己所想之物，然后得到它。他们暂居第二,是为了在最后关头冲到最前面。这一招如果不被注意,就很少失败。当别人的意图很明显时,我们的注意力就不能沉睡。如果别人让他自己暂居第二,以隐藏其真正意图,你就要第一个发现它。小心谨慎就能够识破这种人的陷阱,并明白他们用以达到目的的借口。这些人总是指东打西,然后精明地回过头,直达目的。你最好明白自己所能容忍的限度,有时有必要让别人知道,你已看穿了他们的意图。

216. 清楚地表达自己

清楚地表达自己。这不仅取决于思路的清晰,还在于思维的活跃。有的人容易怀孕,却总是难产。因为不能清楚地表达,头脑的孩子——思想和判断——就不能面世。许多人的才能就像肚大口小的坛子，而另一些人却说的比想得多。意志要坚定不移，思想要表达清晰，二者皆为非凡的天赋。能言善辩者受人欢迎。晦涩的思想常因其难以理解而受到尊崇，所以，有时表达不清还便于免俗。不过，如果说得不着边际，听者又怎能理解呢？

217. 没有永远的爱，也没有永远的恨

没有永远的爱，也没有永远的恨。信赖今日的朋友，要想到他们可能会是你明日的敌人，而且是最危险的敌人。既然这种事总在现实中发生，那么，你就要有所防备。不要向抛弃友谊的人递武器，以免他们向你开战。另外，要为敌人打开和好之门，如果还是宽容之

门,就更加安全。很久之前的复仇,有时到了今日会成为一种折磨,伤害他人的快感也会转化为悲伤。

218. 行动不可出自固执,而应源于了解

行动不可出自固执,而应源于了解。顽固不化是心灵的毒瘤、冲动的外孙,它会搞砸所有事情。有的人是社交方面的暴徒,可以把任何事情搞得像战争一样。他们所做的一切必须以胜利为结束,他们不懂和睦共处。如果他们成为统治者,定会搞得天翻地覆,让亲者变成仇人。他们企图用计控制一切,并把它看成自己玩弄手腕的成果。但是,当别人认清他们刚愎自用的秉性,就会群起而攻之,破坏他们那

异想天开的计划。他们因此一事无成，只得到一堆烦恼，因为凡事都会加重他们的失望。他们顽固不化，思想狂野。对于这种怪物，你没有什么办法，只能远离他们，哪怕是逃到地球的另一端，也许那边的野蛮人也比糟糕的固执之人好忍受一些。

219. 不要被看成伪君子

不要被看成伪君子。尽管你现在不可能不遇见伪君子，也不要被人看成伪君子。要让人认为你是谨慎而不是狡猾。人们喜欢真诚的行为，虽然不是每个人都能把这个体现在行动上。真诚不应成为天真，睿智不应退为狡黠。要因聪明而赢得爱戴，不因狡诈而被人惧怕。敞开心扉受人喜欢，也会被人欺骗。要掩藏被看成是欺诈的行为，需要高超的技巧。纯朴兴盛于黄金时代①，而狡诈则盛行于如今这冷铁时代。因识时务而闻名是一种荣誉，可以引发别人对你的信任；但是，如果被看成伪君子，就会失去别人对你的信任。

220. 不能披狮皮，那就披狐皮

不能披狮皮，那就披狐皮。顺应潮流就是为了引领潮流。如果你得偿所愿，就不会失去名声。如果强攻无法得到，就要智取。走不通此路走彼路——或者勇敢地走大道，或者机智地抄小径。技巧比力量更有效；智慧往往战胜勇气，而非相反。当你得不到某物，就鄙弃它吧。

---

① 指希腊神话中和平、兴隆和幸福的时期。

221. 不要动辄使自己和他人感到尴尬

不要动辄使自己和他人感到尴尬。有些人对自己和他人都是有失体面的绊脚石，他们离愚蠢只有一步。这种人到处都能遇见，却不容易摆脱。即使一天惹出麻烦事上百桩，他们都毫不在乎。他们反对所有人和事，因此脾气总是不顺。他们颠倒判断标准，所以谴责任何事情。他们一无是处却又四处挑剔，这最能考验我们的耐性和谨慎。无教养的王国里到处都是这类怪物。

222. 缄默是谨慎的表现

缄默是谨慎的表现。舌头如同野兽，一旦松手，就再难缚住。它是心灵的脉搏，智者以此来判断心灵是否健康：凭此脉搏，细心的观察者能够感知心灵的每次跳动。最应沉默之人却最不沉默，这是最糟糕的事。智者会让自己尽量避免烦恼和尴尬，表现出纯熟的自制力。他十分审慎，像双面门神坚纽斯①一样不偏不倚，像百眼巨人阿格斯②一样时刻保持警惕。当然，莫墨斯③还不如让人在手上长眼睛，而不是在胸口开窗户。

223. 不要因做作或粗心而显得古怪

不要因做作或粗心而显得古怪。很多人都有一些很明显的特质，从而做出古怪的行为。这是缺点，而非长处。正如有的人因过于丑陋

---

① 罗马神话中的门神，有两个面孔，朝着相反的方向。
② 见箴言第 83 条注①。
③ 希腊神话中的挑剔和嘲弄之神。

而闻名,古怪之人也因其外在行为让人讨厌而闻名。这种怪异是他们独特的商标:他们要么招致恶意,要么被人嘲笑。

224. 不看事物的反面,不管事情怎样出现

不看事物的反面,不管事情怎样出现。任何东西都是一面平滑一面毛糙。哪怕是最好的兵器,如果抓到刀刃,也会伤手;哪怕是敌人的长枪,如果抓到枪杆,也会成为保卫我们最好的武器。许多事情会导致痛苦,但是,如果考虑积极的一面,也会令人快乐。凡事都有利弊,聪明人之所以聪明,就在于他能看到有利的方面。换种光线,同一件物品看上去却大相径庭。所以,要看到它最好的一面,且不要把好的变成坏的。因此,常常会出现这样的情况:

在每件事上,许多人能找到快乐,也有许多人找到了悲伤。在幸运女神皱眉的时候,这条箴言能够有力地保护你;这条重要法则,适用于所有时代和所有情境。

225. 知道你最大的缺点

知道你最大的缺点。任何人都有一个缺点与其最大的优点相伴,如果任缺点滋长,它就会如暴君一般主宰你。向它开战吧,让谨慎做你的盟军。你首先要做的事就是写公开檄文,因为邪恶一旦被人了解,很快就会被征服,尤其是当受折磨的人如旁观者一般注视它的时候。要主宰自己,就得了解自己。要让最大的缺点向你投降,其他的缺点就会望风而降。

226. 乐于帮助他人

乐于帮助他人。许多人行事并非出于本性，而是因为迫不得已。让人相信坏事很容易，因为坏事容易让人相信，尽管有时候让人难以置信。我们再好，也要依赖别人的看法。有些人以为自己有理就行，其实这远远不够，道理还需力量的支持。施惠于人总是付出很少，收获很多。你能用言语买到他人的行动。世界就像所大房子，没有哪间屋子偏僻得在一年中的任何一天都用不到，如果要用时，自然会想到它，无论它是多么的没有价值。人们总是从自己的情感出发来谈论事情。

227. 不要成为第一印象的奴隶

不要成为第一印象的奴隶。有些人把首次所闻娶为妻,把其他说法纳为妾。但是,由于谎言捷足先登,真相就无法在这种人那里栖身。不要用最初的目标来满足愿望,也不要让第一印象充斥头脑,因为那是肤浅的。很多人就像装酒的新桶,都会保留首次入桶的酒的味道,无论酒好酒坏。如果这种肤浅被别人知晓,就会有灾难降临,这还会给那些狡猾的人做坏事的机会。居心不良者总是急于把轻信者的头脑涂上颜色,因此,定要在头脑中留出地方,用来举行第二次听证会。亚历山大总会空出一只耳朵,来倾听事情的另一面。要等待消息的第二甚至第三个版本。如果成为第一印象的奴隶,则说明缺乏心智,那么,成为冲动的奴隶就为期不远了。

228. 不要传播丑闻

不要传播丑闻。更不要被人当作长舌妇，因为那样等于犯了诽谤罪。不要总是诽谤他人，那样做很容易，但会遭人憎恨；而且所有人都会想要报复你，说你坏话，因为你孤单一人，而他们人多力量大，所以你的失败是必然的，他们不会相信你散布的谣言。不要对邪恶之事津津乐道，决不能把它当成谈话的主题。背后诋毁他人者令人厌恶，如果偶尔有伟人与之交往，前者也只是乐于听他的嘲讽，而不是尊重他的见解。说别人坏话的人，别人会把他说得更糟。

229. 合理规划自己的生活

合理规划自己的生活。不要听天由命,要深谋远虑。如果没有娱乐,就像途中没有旅店的漫长旅程,这样的人生令人厌倦。因此,要用广博的知识为你的生活带来种种快乐。高贵人生旅途的第一天应该用来与逝去的人对话,我们活着就是要去了解世界、了解自己,真正的好书能让我们成为真正的人。我们第二天应该与活着的人在一起,观察和留意世界上所有美好的事物。在一个国度里不可能找到一切。宇宙之父已分发他的礼物,有时他最丑的女儿还得到最丰厚的嫁妆。第三天完全属于自己。你最后的幸福就是成为一位哲人。

230. 早日睁开你的眼睛

早日睁开你的眼睛。不是所有看得见的人都睁开了眼,也不是所有睁开眼的人都看得见。迟来的醒悟除带来悔恨,却毫无帮助。有些人在没什么可看之时才去看,在失去所有家产之时才醒悟。让没有意志力的人拥有理解力很难,让没有理解力的人拥有意志力则更难。周围的人与他们玩捉迷藏,把他们当成笑料。他们的耳朵不好使,却不肯睁眼去看看。总有人鼓励这种昏聩,因为他们正是靠这个生存。盲骑士的骏马十分不幸,它永远不可能皮毛光滑、身体健壮。

231. 不让他人看到未成之事

不让他人看到未成之事。只有完成了的作品才能让人欣赏。万物在起初之时都不成形，这种不成形会给人留下很深的印象。想起曾看见的不完美，就会妨碍人们欣赏已经完成的作品。一口吞下大块食物，就难以分辨其中的成分，但人的味觉却可得到满足。事在形成之前，什么都不是；就算在形成过程中，也依然等于零。看着别人制作最美味的菜肴，也会感到倒胃口，而非食欲大开。每位大师都应注意，不要让作品在形成阶段被人看见。要向自然之母学习，在胎儿可以见人之后，才让其出生。

232. 要接触实务

要接触实务。人生不应全是思考,还应有行动。非常聪明的人常常容易受骗,他们懂得生僻的知识,却不懂生活中的常识,而后者是必须掌握的。他们沉浸在对深奥事物的观察中,没有时间留意身边之事。他们不懂得常人都懂的最基本的事情,于是,他们要么得到尊敬,要么被肤浅的民众看作无知者。所以,睿智之人应注意,要懂得一点生意人的精明务实,以免上当受骗,而被人讥笑。做一个胜任日常事务的人,这些事虽不是人生中最高等的,却是最需要知道的。不实用的知识又有什么用呢?在今天,懂得生活才是真正的学问。

233. 提供点食物,不要让人难咽

提供点食物,不要让人难咽。否则,别人会感到难受,而不是感激。有些人想帮助别人,结果却惹人生气,因为他们没有想到彼此品位的不同。同一种做法,对一个人来说是恭维,对另一个人来说却是冒犯。想要帮助他人,却可能让人感觉受伤。让人恼怒比让人高兴往往要付出更大的代价:你既送了礼,又得不到感谢,因为你丢失了驾驭快乐的方向盘。如果你不知道别人的口味,就不知道怎样取悦别人。因此,总会发生这种情况:许多人本来想赞美别人,却被人当成侮辱,从而反遭侮辱;还有人想通过谈吐展示魅力,结果却因为多嘴而惹人讨厌。

234. 决不把名誉托付他人,除非他人以名誉作抵押

决不把名誉托付他人,除非他人以名誉作抵押。要确保沉默对双方都有利,泄露对双方都有害。涉及名声之时,你一定要有同伴,这样,每个人都会为自己的名誉而顾及别人的名誉。决不把名誉托付他人,如果必须如此,除了谨慎,更须防范。彼此休戚相关,你的同伴才不会出卖你。

235. 求人有术

求人有术。对某些人来说,没有什么比这更容易;而对另外一些人来说,没有什么比这

更困难。有些人不会拒绝人，你求他们无须运用任何技巧；有些人却惯于在任何时候第一个就说"不"字，求这样的人，就需要高超的技巧，并要选择恰当的时机。当他们兴致高昂时，当用餐或娱乐让他们恢复精神时，只要他们的精明没有预料到你的狡猾，就可乘其不备地提出要求。快乐的日子就是施惠的日子，因为快乐可从人的内心蔓延到身外的世界。如果有人在你前面已被拒绝，那么你再求也无用，因为阻止说"不"的阻力刚被克服。在他人悲伤之时也不适合提出要求。如果被求之人不是卑劣之徒，预先施惠于他就是良策。

236. 如果日后必求人且需答谢，还不如先施惠于人

如果日后必求人且需答谢，还不如先施惠于人。这是一个精明的策略。虽然别人还无资格接受，但是你却提前施惠，这说明你乐于助人。这样，预先施惠便有了两大优势：你的施惠干脆利落，让受惠者更加感激。同一件礼物，本只是日后对他的酬谢，却变成了事先的施惠。这是变换人情的精明策略：日后你有求于人，却变成了别人因为现在受惠而在日后回报你。但是，这种策略只对知恩图报之人有效。对卑鄙小人来说，提前的谢礼只是羁绊，而不是鞭策。

237. 决不分享上司的秘密

决不分享上司的秘密。也许你认为你们可以共享一个梨,事实上,你们能共享的不过只有梨皮而已。很多人因为成为他人心腹而没有好下场。他们像用面包皮制成的汤匙一样,承受马上就和汤一块被吃掉的危险。君主向你诉说秘密不代表宠信于你,他只是为了释放自己。许多人打碎镜子,以免看见自己的丑陋。我们不愿看见那些见过我们真面目的人;如果别人见过我们的丑陋,我们看到他也会觉得他不光彩。没人会感激我们见过他的隐私,尤其是那些位高权重之人。分享上司秘密不是受他们恩惠,而是恰恰相反。把秘密告诉朋友也很危险。将秘密泄露给他人,就等于把自己置于他人奴隶的位置。任何权贵都不能忍受这种地位,所以这种情况不会长久。他渴望找回失去的自由,为此不惜摧毁一切，包括公正和理性。因此，秘密不能讲，也不能听。

238. 知道自己缺少什么

知道自己缺少什么。如果不是有所欠缺，很多人可以成为大人物；有了不足，就无法达到完美的顶点。值得注意的是，有的人如果能在某方面好一点，他就会好许多。也许他们由于不认真，才影响了才华的施展。有的人不够亲切，他们身边的人很快会发现这一点，尤其是在他们手握大权的时候。有些人没有组织能力，有些人缺乏节制。对于所有这些缺陷，审慎者能培养好的习惯，使其成为人的第二天性。

239. 不要打破砂锅问到底

不要打破砂锅问到底。做人更重要的是明白事理。所知超出所需,就会弄钝你的武器,因为锋利的刀刃容易卷口或者豁口。了解常识性的事实最为妥当。了解事情没有错,但不要揪住细枝末节不放。评论太多就会引起争议。明白事理要好得多,这样就不会偏离正在做的事情。

240. 学会装傻

学会装傻。最聪明的人有时也用此方法,有时候大智若愚。你不必真的那么傻,只是扮成傻瓜。在蠢人面前显得聪明,或在聪明人面前显得愚蠢,都没什么好处,你应该见什么人说什么话。假装傻瓜的人其实并不傻,为此受苦的人才叫傻。因为假装愚蠢十分聪明,它不是真正的愚蠢,地道的愚蠢才是。如果想得到众人的欢迎,就要披上一张最纯朴动物的皮。

241. 容忍别人嘲笑,但别嘲弄他人

容忍别人嘲笑,但别嘲弄他人。前者表示谦恭,后者则会导致尴尬。在玩乐时暴怒的人就像野兽,甚至比野兽更野蛮。大胆的嘲弄可以让人开心,能够经受住说明你很有魄力。如果你表现出生气,就会让别人也生气。最好别去理会——这是避免被人当成傻瓜最可靠的方法。玩笑常会导致最严重的问题,没有比这更需要机智和警觉。开玩笑之前,应知道玩笑对象能承受的程度。

242. 做事要有始有终

做事要有始有终。有些人在起初就使出全部力气,却不能坚持到底。他们有想法,却从不付诸实践。这种人总是敷衍了事。他们不能将比赛进行到底,因此得不到任何荣誉。他们做事,一遇到挫折就停止。有些是因为没有耐心,这是西班牙人的弱点;而富有耐心,却是比利时人的特长。后者做事善始善终,前者做事半途而废。他们奋力拼搏,克服了困难,却就此满足,不明白怎样去坚持胜利。他们证明自己有能力做事,只是不愿意做而已。这说明他们要么不能胜任,要么不可靠。如果是好事,为什么不完成?如果是坏事,为什么要做呢?如果你聪明,就要捉住猎物,而非仅仅满足于把它赶出藏身之地。

243. 不要太过善良

不要太过善良。应将毒蛇的狡猾和鸽子的坦率结合起来。欺骗诚实之人最容易。从不说谎者很相信他人，从不行骗者很信任他人。被欺骗不总是因为愚蠢，也可能纯粹因为善良。有两种人可以保护自己不受伤害：自己付出代价而吸取教训之人；看到别人付出代价而受到警示之人。狡猾的人常常设置陷阱，谨慎的人应该保持警惕。任何人都不要过于善良，使别人的邪恶有机可乘。你要结合毒蛇和鸽子的特点，这是天才，而非妖怪。

244. 让别人对你感恩

让别人对你感恩。有些人把受惠变成施恩，本来在受惠，看上去或被认为却是在施恩。有些人十分狡猾,本来是在求人,却好像是给人面子,自己反而受到尊敬;他们能从别人的掌声里捞到好处。他们掌控事情非常精明:别人为他们干活,却好像他们在为别人做事。他们用非常手段,颠倒施恩与受惠,或至少让人分不清谁对谁有恩。他们通过赞赏他人来获取最好的东西;表达自己喜欢某样东西,让人觉得赠送它是件很荣幸的事。他们利用谦恭来施恩,原本是他们欠债,却让别人感到是受惠。通过这种方法,他们把被动语态的"受惠"变成主动语态的"施恩",这说明他们虽不通语法,却很懂手腕。这是一种狡猾的手段,但是,如果你能觉察并看穿它,让他们真正付出而你真正受益,那就更显出你的高明。

245. 要有独到的见解，这是才智过人的标志

要有独到的见解，这是才智过人的标志。不要看重从不反驳我们的人，这并不表明他喜欢我们，只表示他爱的是自己。不要被别人的谄媚蒙蔽，并为之付出代价，相反，要谴责这种行为。另外，如果你被某人非难，尤其是他们总把好的说成坏的，你可将其视为对你的赞美。相反，如果我们做的事让所有人都高兴，我们应该感到不安，因为这说明我们做的事毫无意义。只有少数人才能做到完美。

246. 除非被要求,决不提供解释

除非被要求,决不提供解释。就算有人要你解释,你解释过多也是错。在没有必要时为自己辩解相当于控告自己。让自己健康的身体流血,等于给居心不良者以暗示。意外的辩解会唤醒沉睡的怀疑。明智之人不会表现出自己已经意识到别人的怀疑,否则等于自找麻烦。最好是用正直诚实的行为来解除他人的怀疑。

247. 求知应多,生活应简

求知应多,生活应简。有些人持相反观点。安逸比劳碌好。除了时间,没有任何东西真正属于我们。即便你没有其他东西,你还有时间。浪费宝贵的生命去完成机械呆板的任务或大量太重要的工作,是一样的不幸。不要堆积职务,

那样会堆积别人对你的嫉妒,你的生活将会十分忙乱,以至筋疲力尽。有的人想把这个原理用在求知方面,但是应该明白,除非有所知,否则就没有真正的生活。

248. 不要认同最新的说法

不要认同最新的说法。有些人跟着最新的说法走,结果走向了荒谬的极端。他们的情感和愿望是用蜡制成的——最后到的人用图章在上面盖上印,把以前的印迹都抹掉。这种人永远不会得到任何东西,因为他们把一切丢得太快。每个人都可用自己的染料给他们染色。让他们成为知己没有任何好处,这些人一辈子都长不大。因为情感和意志变化无常,他们跌跌撞撞,思想和愿望都像跛了脚一样,在路上摇摇晃晃。

249. 人生不要本末倒置

人生不要本末倒置。许多人先行乐,把忧虑抛在身后。但是,你应该知道,应先做重要的事,以后有空时再做次要的事。有些人还没有战斗就想庆祝胜利。有的人先学不重要的东西,却把能带来名誉和成就的知识留在生命的最后。还有的人到了晚年才想去发财。求知也好,生活也罢,方法都是最重要的。

250. 何时把他人的话反过来听

何时把他人的话反过来听?就是在他们散布流言之时。对于某些人来说,所有事情都是颠倒的:他们说"是"就是"不",他们说"不"就是"是"。如果他们批评某物,其实就是对该物作了最高评价。他们想得到某些东西，就对别人贬低那些东西。赞扬某物也不一定就是说它好——有些人为了避免表扬好的，就去表扬坏的。有的人觉得什么都好，其实说明他觉得什么都不好。

251. 运用人道之时，就当神道不存。运用神道之时，只当人道不在

运用人道之时，就当神道不存。运用神道之时，只当人道不在。这是精湛的法则，无须评论。

252. 活着并非全为自己,也不是全为他人

活着并非全为自己,也不是全为他人。这两种说法都专制得不可取。如果只为自己而活,就会想占有所有的东西。这种人不愿作出丝毫让步,也不想损失一点点舒适。他们极少感恩,只靠自己的运气,但他们的支柱往往会倒塌。有时,应该考虑一下别人,以便日后别人也考虑你。担公职之人就应做公仆,要么放弃职位不干,要么勇挑重担——一位老妪曾这样对哈德良①说过。相反,有些人完全为别人而活,这很愚蠢,愚蠢常常走极端。没有哪天、哪个钟点属于他们自己。他们始终为别人而活,简直

---

① 罗马皇帝(117—138在位),"罗马五贤君"之一。据说,曾有一老妇人向哈德良申诉某事,皇帝说没有时间处理,老妇人于是说:"那么你就别占着位子。"哈德良觉得妇人说得有理,当场审结了那个案子。

成了所有人的奴隶。甚至在求知方面,也是如此。有的人对别人的事情无所不知,对自己的事情却一无所知。你若精明,就应明白:别人找你并非要找你这个人,而是为了在你身上找到好处,或是通过你找到好处。

253. 不要解释太多

不要解释太多。很多人不珍重他们懂得的东西,而是推崇他们不懂的东西。想让某物受到重视,就要让人花些代价:人们对于费脑筋的事物才会给予很高的估价。如果你希望人们对你评价甚高,在与他们打交道时,就一定要显得比他们所要求的更明智、更审慎。但是要适当,不能过分。尽管对明理人来说,事情本身就已足够;但是对于大部分人来说,需要注意说话的技巧,不要给他们留时间来批评你,要让他们忙于琢磨你的意思。许多人赞美某物，却不知道为什么。原因就是：他们认为不懂的东西很神秘，从而产生敬畏；因为听到别人赞美，所以他们也要赞美。

254. 勿因恶小而轻视它

勿因恶小而轻视它。福有双至，祸不单行。幸与不幸常常都各寻同类。因此，所有人都想避开不幸，而与幸运同行。就连头脑简单的鸽子，也常飞往最白的墙壁。不幸之人一事无成——他本身、他的言语、他的运气，全都不顺。不要叫醒厄运之神，当她还在沉睡之时。一次跌倒算不了什么，但是致命的损失就会接踵而至，你不知道何时才是尽头。没有幸运是无瑕的，也没有厄运是彻底的。对上苍的安排，要有耐心；对尘世的无常，也须谨慎。

255. 行善不求大，但要常去做

行善不求大，但要常去做。你的付出，不能超出对方能回报你的能力。恩惠太多，就不是赠予，而是出售。不要耗尽他人的感激——受惠者见到无法回报你，就不会再接近你。对于许多人来说，对他们施惠太多，使他们无法承受，就会彻底失去他们：他们无法回报，就只能离去，宁愿做你的敌人，也不愿做你永远的欠债人。正如雕像不愿意再见到雕刻师一样，受惠之人也不想再见到施惠之人。施惠之术，十分玄妙，你赠予的东西不贵，但为对方所急需，才能更被珍视。

256. 时刻做好防备

时刻做好防备。要防备粗鲁无礼、背信弃义、自以为是及各种愚蠢行为。世界上这些行为随处可见,最审慎的做法就是尽量避开它们。你每天都要当心,要用防御的武器武装自己,这样才能打败它们的攻击。你要防备这种情况,不要让自己的名声陷于粗鄙的威胁之中。以谨慎武装自己,就不会因为他人的粗鲁而投降。世道艰难,到处是可以颠覆我们名誉的陷阱。最好是剑走偏锋,仿照聪明的尤利西斯①的做法。遇到上面所说的冒犯,装作领会不到是很有用的。加之礼貌相助,将大有益处。这通常也是我们走出困境的唯一途径。

---

① 罗马神话中的人物,亦即希腊神话中的奥德修斯,荷马史诗《奥德赛》的主人公,智勇双全。

257. 不要轻易断交

不要轻易断交。断交容易损害我们的名声。如果不能做朋友，所有人都有可能成为重要的敌人。对我们好的人少，但几乎每个人都可能对我们不好。在与甲壳虫断交之后，朱比特的鹰连在他怀里筑巢都不得安宁。暗藏的敌人借宣战敌人的手煽风点火，他们潜藏着，等待这个机会已经很久了。被得罪的朋友会成为让你最痛苦的敌人。为了掩饰自己的过错，他们会指责对方的错误。人们都是这样，事情在他们看来如何，他们就如何说；而事情看来如何，又取决于他们想要事情如何。每个人都会说我们从一开始就目光短浅，而且收场的时候又没有耐心，始终都不够谨慎。如果断交无法避免，那么也是可以谅解的，不要勃然大怒，而要慢慢疏远。这就很好地运用了优雅后退的格言。

258. 找人分担你的烦恼

找人分担你的烦恼。这样,就算是处于危险的境地,也不会独自承受所有的怨恨。有些人想凭自身高位收揽成功的所有荣耀,却只能承担失败的所有耻辱。于是,他们找不到人来开脱过失,也找不到人来分担过错。只要两人同心协力,厄运和暴徒都不敢轻易冒犯。所以,聪明的医生若治疗失败,就会以会诊的名义找个医生帮他抬尸体。找人分担重担与哀痛吧,因为孤立无援的人会承受双倍的压力。

259. 预见伤害,并将之转化为庇护

预见伤害,并将之转化为庇护。避免被人伤害要比报复他人明智得多。要想把对手变成

密友,把预备攻击我们的人变成维护我们荣誉的人,的确十分精明。让别人对你怀有感激,会有许多助益,因为对你感激的人没有时间伤害你。化干戈为玉帛,是真正的处世之道。试着把敌意化为亲密吧。

260. 我们不完全属于任何人,也没有任何人完全属于我们

我们不完全属于任何人,也没有任何人完全属于我们。无论是亲情还是友情,甚至是最亲密的关系,也是如此。付出全部信任和付出关心是不同的。但最亲密的朋友却会有例外,否则就会打破友谊的规则。对朋友总是会保守一些秘密,即便是儿子对父亲,也会有所隐瞒。对某人隐瞒的秘密,却会向另一个人吐露,反

之亦然。如此看来,你袒露了一切,也隐瞒了一切,只是对象不同而已。

261. 不要执迷不悟

不要执迷不悟。很多人都把犯错当成义务。既然已经走错路,他们就要继续走下去,以证明自己性格坚强。他们内心其实后悔犯错,在外却为自己的错误开脱。在他们刚开始犯错时,别人以为他们是粗心;到后来,就会被看作愚蠢。轻率的承诺或者错误的决定不应该阻碍我们去改过,但是,有的人固守自己的愚蠢,宁愿做永远的傻瓜。

262. 能够忘记

能够忘记。如果说这需要技巧,不如说要凭运气。那些最好要忘却的事往往记得最牢。记忆不但难以驾驭,在我们最需要它的时候,弃我们于危难之中而不顾,而且还十分愚蠢,在我们不需要它的地方,把鼻子伸得很长。它主动亲近痛苦的经历,却不理睬快乐的往事。将疾病忘却是治疗疾病的唯一药方,而我们忘掉的却只是这个药方。尽管如此,我们还要培养良好的记忆习惯,因为这既能让我们生活在天堂里,也能让我们生活在地狱中。那些天真地享受一点点快乐的乐天派却是例外。

263. 许多好东西你不应一味想占有

许多好东西你不应一味想占有。如果好东西是别人的，我们更能享受它。第一天，这些东西为物主所有，此后，都属于别人。你可以从别人的财物中得到双倍享受，因为你不会心疼它，也不会厌倦它。没有的东西才是更好的，就连别人井中的水尝起来也像仙酿一样。你拥有某样东西，不但妨碍欣赏它，而且还在是否答应借给别人时平添许多烦恼。你只是为别人保管，或者不让别人得到，此外，你别无所获，而且，会因此友少敌多。

264. 每天都不能大意

每天都不能大意。命运总喜欢恶作剧，只要有可乘之机，它就会出其不备地攻击我们。

我们的智慧、审慎、勇气甚至美貌,都要时刻准备接受它的考验。因为轻信之日,就会是受辱之时。最需小心的时候,总是不小心。粗心大意让我们失足,并因此而毁灭。所以,别人就采取这个策略,在我们大意之时考验我们是否完美。他们在阅兵的日子放过我们,只是冷眼旁观,却选择最意外的一天,让我们的英勇得到最严格的考验。

265. 为部下安排最难的任务

为部下安排最难的任务。许多人一遇到困难,就要立刻证明自己的能力,就像害怕淹死从而学会游泳一样。许多人就是因此而发现了自己的勇气、学识或机智——如果没有这种机会,这些都会因为胆怯而永远被埋没。困境是人为自己争得名誉的场合。当高尚的人看到自己的名声受到损害时，他会千方百计地加以维护。天主教徒伊莎贝拉女王[①]十分明白这一人生法则（正如懂得其他法则一样），正是由于她的恩宠十分精明，大船长哥伦布才得以出名，其他许多人也才能流芳百世。她就是用这个伟大技巧造就了伟大的人物。

266. 不要因为太善良而变糟

不要因为太善良而变糟。也就是说，不要从不生气。如此没有情感的人根本不能把他当人看。这种性格并非出于懒散，纯粹是因为无能。间或强烈地表达自己的情感，可以展示你的个性。你要知道，小鸟很快就会嘲笑木然的稻草人。甘苦参半是好品位的标志，若全是甜

---

① 西班牙女王，曾赞助哥伦布探索新航线。

食,就只是为孩子和智力障碍者而准备。如果因太过善良而麻木,就犯了大错。

267. 言语温软,举止优雅

言语温软,举止优雅。利箭伤人身体,恶言伤人心灵。甜美的糕点香气扑鼻。懂得说好听的话是高超的生活艺术。你能用言语来为很多东西付账,还能凭言语无所不能。因此,我们要在言语上下功夫,高贵的谈吐可以产生勇气与力量。你要满嘴塞蜜,让你的言语特别甜美,甚至使你的敌人都喜欢。如想讨人喜欢,你就要和蔼可亲。

268. 蠢人最后做的事,智者会马上做

蠢人最后做的事,智者会马上做。他们做着同样的事,只是在不同的时间里:智者在恰当的时候做,蠢人则在不当的时候做。一开始心智就混乱的人,会持续这种状态到最后。本该敲头,却去抱脚;错把右边当左边,所有的行动像小孩般幼稚。唯有一种方法能让他们朝着正确的方向,那就是迫使他们去做他们自愿做的事情。智者则相反,他们马上就明白早晚必做的是什么事,而且乐意去做,并因此获得荣誉。

269. 利用你刚上任时人们的新鲜感

利用你刚上任时人们的新鲜感。新人会受重视。新鲜事物之所以能让人快乐,是因为它不同寻常,改变了人的口味。一个新来乍到的平庸之辈比人们习以为常的杰出人物更受重用。能力可被使用殆尽,并过时。要明白新奇的光环非常短暂,四天之后人们的尊重就会消失。所以,你要学会利用人们最初对你的欣赏,在短暂的掌声中抓住一切能被利用的东西。新鲜感一旦消失,人们的热情就会冷却,对新鲜事物的欣赏就变成对习惯事物的腻烦。要相信万物都有其时,时机转眼即逝。

270. 众人喜欢之物，个人不要谴责

众人喜欢之物，个人不要谴责。能取悦大众的事物，必有其可取之处——即使难以解释原因，也不防碍它受到欢迎。特立独行，总是遭人憎恨，如果还理亏，就会被当成笑柄。你伤害不到你谴责的东西，只能破坏人们对你的品位的尊敬，而遗弃你这个人和你的品位。如果你不能发现事物中好的方面，就掩藏好你的愚蠢，不要随便谴责。一般来说，品位低下总是源于无知。众人所说，就是如此，要么将是如此。

271. 不管从事任何工作，如果你所知不多，就走最安全的路线

不管从事任何工作，如果你所知不多，就走最安全的路线。你这么做，即便不被人称为机灵，也会被人认为是稳妥。另一方面，只有经过良好训练的人，方可随心所欲地勇往直前。如果无知而去冒险，和自毁没有两样。在这种情况下，一定要站在正确的一边，因为事已至此，就无法改变。所知不多的人，要走稳当的大道。处理任何事，不管懂与不懂，稳妥行事总比独树一帜更加明智。

272. 出售东西，附送殷勤

出售东西，附送殷勤。这才是最令人感激的。感兴趣的顾客所出的价钱，绝比不上感恩

之人的回礼。殷勤真不是赠品,但它确实让人感恩。慷慨就是最大的恩情。对于正直之人,最贵重的就是赠予他的东西——这等于两次卖给他东西,于是就有了双倍的价钱:一是东西的价值,二是你的彬彬有礼。同时,粗俗之人确实会觉得你的慷慨有点奇怪,因为他们根本听不懂有教养的语言。

273. 了解你所交往的人的性情

了解你所交往的人的性情。你会因此而了解他们的意图。知道事情的原因,才能明了事情的结果。先知道他的性情,才知道他的动机。个性忧郁之人总是能预见祸患,背后诽谤之人总能听到丑闻,他们不知道什么是好,于是邪恶就主动找上门。情绪激动之人说话总是失之偏颇,因为他说话用的是激情,而非理性。可见，每个人都是根据自己的感觉和脾气来表达看法，以致都远离事实。你应该学会琢磨他人的脸色，以此解读他的内心。总爱发笑的人是智力障碍者，不苟言笑的人是伪君子。要警惕说闲话的人：他不是在胡言乱语，就是在到处打听。不要指望从面恶之人那里得到好处。大自然没有眷顾他，为了报复，他对大自然也没有敬畏。美貌常与愚蠢同行。

274. 要有吸引力

要有吸引力。这是乖巧谦恭的魔力。令人快乐的性格就像磁铁，用其获得帮助是不够的，还要用其吸引善意，且广泛运用。只有美德是不够的，除非有魅力支撑——只有魅力才能让大众接受你，而且它还是驾驭别人最实用的方法。受人欢迎要靠运气，但也可以运用技巧获得。在受大自然眷顾的土地上，人工所造之物最容易扎根。在那里，人们的善意可以生长，发展成普遍的爱戴。

275. 参加游戏，但应得体

参加游戏，但应得体。你不应总是装模作样而令人厌烦，这是保持豪爽风度的至理名言。你可放弃一点点尊严，以赢得人们的喜欢。你可偶尔去人们常去的地方，但不能失礼。对于当众丢丑的人，人们不会认为他在私下里有多谨慎。因一时玩乐而失去的，也许会比一生辛苦所得还要多。但是，你也不能自命不凡，不合群相当于在谴责他人。你更不能故作拘谨，女人才会如此，就连在宗教方面太过拘束也会遭人嘲笑。做男人就应像个男人。女人可以模仿男人，而且把这作为优点。但男人模仿女人则不是什么优点。

276. 知道如何完善自己的品性

知道如何完善自己的品性。常言道：人之性情七年一变。让这一变化朝着更好的方向发展，让你的品位也变得更高雅。过了第一个七年，你开始懂事。在之后的每一发展阶段，都要用新的优点为自己增光。观察这个变化以促进它，也希望有所长进于别的方面。因此，当很多人改变自身地位或职业之时，他们的行为也跟着改变了。有时，这种改变不被察觉，直至其完成之时。一个人，二十如孔雀，三十如狮子，四十如骆驼，五十如蛇，六十如狗，七十如猴，到八十岁，便什么都不像了。

277. 展示你自己

展示你自己。这能让你的才干更耀眼:每个人都有展示自己的时机,你要善加利用,并不是每天都有成功的机会。即便是小小的才干,踊跃者也会把它展示一番;如果他们有更多的东西,便可举办一场大型展览。一个人若多才多艺又善于展示,则被认为是奇迹。有的国家全民都惯于展示,西班牙人为最。万物要想有光彩,必须要有光线[①]。展示让事物得到补充,获得供给,且被赋予新生——如果真的卓越,则更是如此。上天赋予完美之物,也提供展示之道,因为二者缺一则不会有结果。然而展示也需要高超的技巧。即便非凡之才也有赖于环境,并非总是那么适宜。不合时宜的卖弄是不恰当的。展示之道,比其他任何素养更要避免

---

① 指《圣经·创世纪》开端描述的情景。

任何故作。否则，它便让人憎恶，又因为流于虚荣而招致轻蔑。展示自己的才华要适当，以免流俗。任何过分之举皆为智者所不屑。有时，要的就是一种无声的雄辩，不经意的展示。明智的隐藏是最有效的夸耀，正是因为避开视线，反而将他人的好奇心激发至极点。不一次将长处全盘托出也是高明的；只让别人略知一二，随着时间推移，别人会发现你的长处越来越多。你的每项业绩，都是更多业绩的誓言；当别人对更多业绩产生期望之时，起初的掌声便会渐渐消失。

278. 避免抢眼而招致恶名

避免抢眼而招致恶名。即使是优点，若太著名，也将成为缺点。恶名来自离奇，怪人总受谴责，异类总让人避之不及。若打扮过分，即便美貌也会损人名誉,它太吸引注意力,会招致不满。对名誉有损的怪异行径更是让人指责。但是有些恶人想在堕落中寻求新奇,以获得不名誉之名声。就算是学识,讲时若不适度,也会沦为饶舌。

279. 不要回应驳斥你的人

不要回应驳斥你的人。对他人之驳斥,你必须搞清楚是出于狡诈还是出于粗鲁。驳斥并非总是出自顽固,还可能是个阴谋。对此,你须小心:前者让你受困,后者让你涉险。预防他人刺探,如何谨慎都不算过分。要防止撬锁者偷启你的心门,你只能用警惕的钥匙将其反锁。

280. 做个值得信赖的人

做个值得信赖的人。光荣的行为已经绝迹,信任被人抛弃,没有几个人信守承诺,付出越多回报越少,这就是当今的世道。还有一些国家,全民均倾向于弄虚作假:要么是背信弃义让人害怕,要么总是言而无信,要么诡计多端。这种不良行为应成为警示,而不是榜样。我们所担心的是,耳濡目染此类卑劣行为可能会毁掉我们的正直。但是,值得尊敬之人从不会因为看到别人如何而忘记自己应该如何。

281. 赢得智者的好感

赢得智者的好感。杰出人物一声淡淡的"是",比粗俗之人的所有欢呼更有价值。谷壳之烟不能煮熟一顿饭。智者说话富有见地,他们的赞扬能给你长久的满足。圣人安提格诺斯把自己的名声全部归于芝诺一人[①]，柏拉图也说亚里士多德一人就相当于他所有的学生[②]。有的人则使劲用乌合之众的污浊气息来填满自己的胃。即便是君主，也需要有作家为他立传，他们畏惧作家之笔，胜过丑女畏惧画家之笔。

282. 不现身，从而使自己更受敬重

不现身，从而使自己更受敬重。惯常的现身会有损威名，缺席却会增加声望。有的人在不露面的时候被人认成是狮子，可一现身，就

[①] 安提格诺斯是马其顿国王，曾暂时统一了希腊，亦爱好诗歌及哲学，十分推崇斯多葛派哲学的创始人芝诺（约前334—约前262）。

[②] 柏拉图是古希腊著名哲学家，苏格拉底的学生，亚里士多德（前384—前322）（古希腊著名哲学家、科学家）的老师。

被视为山里出产的可笑之物。天才会因其滥用而失去光彩,因为人们更容易注意其外壳,而不是内在精髓。相比视力,想象力所及更远。错觉通常产生于耳朵,眼睛则使人醒悟。保持舆论关注之人才能保持名声。即使是不死鸟,也很少现形,从而更新自己的装饰物,并通过自身的退隐而引起人们的渴望。

283. 拥有善于发现之天赋

拥有善于发现之天赋。这是顶级天才的一大表现。但是,天才何时没有一点疯狂呢?如果善于发现是天才的一项特殊禀赋,善于选择则是良断的一项标志。善于发现是一种特殊的恩赐,十分罕见。大部分人能探究已被发现之事,但首先发现它却只是少数人的才能——他们是最优秀的,在整个时代也是首屈一指的。新奇事物让人赞叹，如果成功，则为拥有者赢得双倍的荣誉。在作判断之时，追新求异是很危险的，因为那样可能导致谬误；而在发明创造方面，求新求奇则应得到十足的称赞。如果二者都能成功，则都值得喝彩。

284. 不要多管闲事

不要多管闲事。这样你才不受人怠慢。欲得人尊重，需先自重。出场宁可少，不要多。这样，别人才会需要你，从而接受你。只去别人邀请你去的地方，不要不请自来。如果主动担责，失败则自取其辱，事成也无人感激。多管闲事之人总是成为责备的对象。他不觉羞耻地进入，也会被羞辱地赶出来。

285. 不要死于他人之厄运

不要死于他人之厄运。注意观察那些身陷泥坑之人,看他们是如何求助从而找到灾难中的同伴以作安慰的。他们寻找别人以分担不幸,在这时候伸出援手的,往往是那些在他们好运之时不攀附他们的人。如果想要帮助快被淹死的人,而不危及自己,就要特别小心。

286. 不要对所有的人和事都负责

不要对所有的人和事都负责。否则,你将沦为一个奴隶,所有人的奴隶。有的人天生就比其他人更幸运,他们生来就广施恩惠,别人即受惠于他们。你也许会受到诱惑,抛弃自由来换取某样东西,其实,自由更加珍贵。与其把重心放在让许多人依赖你上面,不如让自己独立于众人。手握实权的唯一好处就是你可以凭借它做更多的好事。最重要的一点是,别把责任视作恩惠,一般来说,这是别人的计谋,想达到让你依赖于他的目的。

287. 冲动之时决不行动,否则你将失去所有

冲动之时决不行动,否则你将失去所有。当你不能控制自己时,你的行为通常不能代表自己。理性总是被激情赶走。这时候,你应该去找一个保持冷静的谨慎的中间人。这就是为何"旁观者清",因为他们保持冷静。一旦察觉到自己要发脾气,你就赶紧鸣金收兵。因为热血一旦沸腾,不久就会泼溅。一瞬间的情绪失控会带来许多天的后悔,还有他人的责备。

288. 顺应时势

顺应时势。我们行为、思想及一切都应视境况而定。若时机适宜，就应该下定决心，因为时势不等人。不要按照僵化的教条来生活，除非涉及基本的道德。也不要让你的意愿满足于不变的情形，因为到了明天，你可能不得不饮用今天泼出去的水。居然有人如此荒谬可笑，他们期望某一行动的一切条件都服从他们那古怪的念头，而非相反。智者明白：见风使舵、顺势求成才是谨慎的根本所在。

289. 要贬低一个人，莫过于表明他和任何人都没有区别

要贬低一个人，莫过于表明他和任何人都没有区别。就在他被看作凡人的那一天，他不

再被视为圣人。轻浮与名誉南辕北辙。深沉之人高于常人,轻浮之人不及常人。没有什么缺陷比轻浮更能让你丧失尊重,因为它和可靠的严肃完全相反。轻浮之人即便是到了老年,也没有什么分量,尽管岁月的磨炼本应让他谨慎。轻浮这一缺点普通寻常,却依然招来人们的轻视。

290. 如能赢得人们的喜爱和尊敬,则是莫大的幸运

如能赢得人们的喜爱和尊敬,则是莫大的幸运。通常来讲,一个人想要赢得尊敬,则不敢让人喜爱。相比恨,爱更多愁善感。喜爱与尊敬并不融洽。因此,你的目标应是既不令人过于畏惧,也不令人过于喜爱。喜爱带来信心,别人对你越是亲近,对你的敬意就越会减

损。宁愿被敬爱,而不是被喜爱,因为喜爱更大众化。

291. 懂得如何揣测他人

懂得如何揣测他人。智者要小心防范恶人的陷阱。要测试他人的判断力,你须有高超的判断力。了解他人的特性,比了解植物和矿石的特性更重要。这真是人生中最精明的技艺之一。辨别金属,你可听其音;辨别人,你可闻其言。一个人的言语可证明其是否正直,行动则更具说服力。揣度别人需要特别小心,深入的观察,敏锐的辨别与明智的判断。

292. 让你自身的素质超过职责的要求

让你自身的素质超过职责的要求,而不是相反。不管职位多高,你本身的素质都应更高。随着职位的升高,广博的才能随之越来越得到拓展。与之相反,气量狭小之人容易失去信心,并因为职责减小、名望减损而陷入悲伤之中。伟大的奥古斯都[①]更为看重的不是成为高贵的君主,而是成为一个伟大的人。高级的头脑能在此找到适当的位置,有充分根据的自信能在此找到恰当的机会。

---

① 罗马帝国第一任皇帝,恺撒的甥孙及养子。当政时扩张疆土,美化罗马,招纳学者,并奠定了长达两个世纪的"罗马式和平"。

293. 做人应成熟

做人应成熟。人的成熟表现于外表的装束,更表现于风度。物质本身之重量说明金属之贵重,道德之重量说明人之贵重。成熟让才能得以完备而引人敬重。一个人镇静的举止构成他心灵的外在表现。这不是存在于愚蠢的麻木,像轻率之举那般,而是存在于淡然的威严。成熟之人说话像在发表演讲,行动像在履行契约。成熟使人更完善,只有拥有了成熟,你才算得上完善。当你不再像个孩子,你就要开始做到严肃和有权威。

294. 观点不能有所偏颇

观点不能有所偏颇。每个人都会依据自己的利益而各执己见,并想象自己肯定理由充足。

因为大多数人的判断都让步于自身的意愿。可能会发生这种情况：两人针锋相对，各执己见，都认为自己占理。但道理自有其原则，从无两张面孔。在这种困境下，谨慎之人会极其小心，审察对方的观点，也怀疑自己的观点。在此情况下，应换位思考，研究对方的理由，这样，你就不会用如此糊涂的方式来谴责对方，或证明自己。

295. 若未奏效，不要邀功

若未奏效，不要邀功。很多没有资格邀功的人总是宣扬自己的功绩。他们若无其事地把一切都描述得神秘莫测。他们像个变色龙，一心想赢得他人的掌声，却令人捧腹大笑。虚荣总是让人反感，在此还应受人鄙视。为了名利，有人如蚂蚁一般四处攀爬，窃取别人业绩的渣淬。你的功绩越大,越不需伪装:踏实地做自己该做的事,不要理会他人的说法。功劳尽可能拱手相让,但不要待价而沽。不要雇佣贿赂来的笔在污泥上写下对你的赞美,让知情者嘲笑。宁可立志去做一名英雄,也不要只是表面如此。

296. 高贵的品质

高贵的品质。高贵的品质成就高贵的人。一个品质高贵之人比众多平庸之徒更有价值。有人什么东西都要用最好的,哪怕是家用器具。伟大的人更应使其灵魂尽可能伟大。上帝的一切都是永恒而无限的,英雄的一切也应伟大而庄严,这样,他的所有言行才显得无比威严。

297. 行动总如处于监视中

行动总如处于监视中。一个人如果知道有人看着他,或即将看见他,定会环视四周。他知道隔墙有耳,也知道恶有恶报。即便独自一人,他也像全世界的人都在看着他一样,小心行事。他明白,所有的事情迟早会被人知道,所以行动时他假定有目击证人在场——这些人以后必会听证此事。希望全世界的人都一直监视自己的人,自然不介意邻居从墙头看到他。

298. 可造就非凡之人的三大要素

可造就非凡之人的三大要素。它们是上天慷慨赐予的精选礼物:天赋异禀、智慧超凡、品位高雅。想得好当然好,想得对则更好——

这才算理解了什么是好。固执的判断是不行的，只会导致麻烦多于用处。正确的思考是明智心性的果实。人在 20 岁时依随意愿，30 岁时凭其智慧，40 岁时凭其判断。有些人的头脑像山猫的眼睛一样，可在黑暗中发光，在最黑暗的地方则最明白。还有的人则更善于随机应变，处理紧急情况时，总是能抓住要害——这种素质带来丰富而优质的东西，是一种丰饶的福气。同时，高雅的品位还可以给整个人生增添趣味。

299. 让人有饥饿感

让人有饥饿感。哪怕是玉液琼酿，也应及时从嘴边拿开。需求是衡量价值的标尺。哪怕在口渴的时候，浅尝也比牛饮显得更有品位。少且精则倍加美好，第二回的满足则身价大跌。

过度的快乐总有危险，而且会招致众神的愤怒。要取悦于人，唯一的办法就是吊他胃口，让他保持饿意。如果你一定要激起别人的欲望，最好是让他着急，而不是让他享受。通过努力获得的快乐给人双倍的喜悦。

300. 总而言之，做一位圣徒

总而言之，做一位圣徒。一切尽在此言中。美德是一切完美之链环，一切快乐之中心。美德使人审慎、贤明、睿智、小心、聪明、勇敢、深思、可靠、快乐、光荣、诚实，总之，它能让人成为一个全方位的英雄。有三件东西可使人幸福：健康、圣洁、智慧。美德是这个宇宙的太阳，良心构成了其中的一半。她如此美丽，讨得了上帝和众生的欢心。没有什么比美德可爱，没有什么比邪恶可恨。只有美德是严肃的,其他的均可作为笑谈。衡量一个人的能力与伟大,是用德行而不是财富。拥有美德,便拥有了一切。它让人生时被人爱戴,死后被人怀念。